應用社會科學調查研究方法系列叢書 6

研究文獻之回顧與整合

Integrating Research :
A Guide for Literature Reviews

Harris M. Cooper 著

高美英譯

黃朗文校閱

國立編譯館主譯

弘智文化事業有限公司

Harris M. Cooper

Integrating Research : A Guide for Literature Reviews

Chinese edition copyright © 1999
By Hurng-Chih Book Co., Ltd..
For sales in Worldwide.

ISBN 957-98081-7-1
Printed in Taiwan, Republic of China

初版序

　　社會科學中的每個研究計畫都應包括搜尋以前相關調查的要求，缺少此一步驟，對其所研究之世界則無法建立整合和廣泛的描繪。獨自努力的研究者可能會一再重複過去的錯誤，而很難獲得有意義的進展，社會科學的進步來自於以往研究者的努力。

　　然而，對如何進行整合型的研究——如何發現、評估和綜合分析其所感興趣之先前的研究，新加入的研究者並沒有太多的指導可尋。本書即嘗試填補此空缺，其設定為對基本研究方法和統計學有一些背景的社會科學學生所使用。本書中所支持之研究回顧的方法，代表與以往研究回顧是如何進行的，有很顯著的差距，本書以系統化、客觀的方法來代替傳統上直覺、主觀、故事性風格的研究回顧，此種方法很快地便在許多社會科學領域中被接受。讀者學會根據以科學原則為基礎的規則，如何完成問題陳述、文獻搜查、研究評估和研究綜合分析，而所獲得的結果是可複製的回顧，這能創造學者間的共識和成為建設性潮流中辯論的焦點，最重要的是，此方法的使用者應該可以完成

他們的回顧，因此對研究領域覺得具有豐富的知識，並且對他們未來的初探性研究具有信心，而對該領域有所貢獻。

在進行此書時，有多個機構和個人提供協助，首先，當準備原稿時，國家教育協會提供了研究上的支持，在國家教育協會的實施方案宣傳之 Spencer Ward 的監督之下，獲得以「文獻回顧和知識綜合分析活動的系統化檢視」為題的資助。特別要感謝四位前研究生：Maureen Findley、Ken Ottenbacher、David Tom 和 Julie Yu，在我的督導下，他們每一位在其感興趣的領域中，進行一個研究回顧，為了說明抽象的觀點，在整本書中都利用到他們努力的成果。當他們在其領域中都成為專家時，我也學習到在研究回顧中，超越各主題領域的有關問題，同時也了解許多更為獨特的回顧研究之難題。密蘇里大學的艾默艾利斯圖書館員 Jeanmarie Fraser，花了很多的時間為我們進行電腦化文獻搜查，她同時也給我上了一堂圖書館學的課。

本冊的初稿請十二位人士閱讀和給予批評：Len Bickman、Ruth Haber、Larry Hedges、Ken Ottenbacher、Jolene Pettis、Ronald Ribble、Debra Rog、Robert Rosenthal、David Schumann、David Tom、Tedra Walden 和 Julie Yu，他們每一位皆給予意見以協助最後完稿的改進。

最後，要感謝社會行為研究中心，特別是中心內的成員。而 Patricia Shanks、Janice Meiburger、Terry Brown 和 Diane Chappell 要忍受狂熱的作者，來作抄錄、打字和校對原稿，也不是輕鬆的工作。

Harris Cooper

再版序

　　在發行本書的這幾年中，科學的研究回顧從充滿爭議性，改變成爲可接受的方法，在社會科學的各個領域中，現在幾乎都可發現其應用之處，而在某些領域還是必須的。

　　這些年裡，整合性研究回顧的技術也有長足的改進，特別是有關文獻搜查技術的改進。同時，對後設分析的理論基礎有了廣泛描述，並且也有較容易應用的實施步驟。

　　再版中加入這些改變，除此之外，研究回顧的例證中的兩個已經換成較新的例子，而用在過錄表和確認獨立假設檢定的材料也已經加以擴充。最後，需要進行後設分析的表格已包括在內文中。

　　即使是修訂版，也是需要其他人協助，我的學生 Pamela Hazelrigg，同時也是新的研究回顧例證之一的共同作者；奧瑞岡大學圖書館的參考文獻館員 Kathleen Connors，協助摘要和索引服務部分的更新；Larry Hedges 也再次的檢視統計技術的解說；而 Cathy Leubbering 則負責打字、重打和校對原稿。十分感謝這些朋友和同事們的協助。

Harris Cooper

叢書總序

美國加州的 Sage 出版公司，對於社會科學研究者，應該都是耳熟能詳的。而對研究方法有興趣的學者，對它出版的兩套叢書，社會科學量化方法應用叢書（Series: Quantitative Applications in the Social Sciences），以及社會科學方法應用叢書（Applied Social Research Methods Series），都不會陌生。前者比較著重的是各種統計方法的引介，而後者則以不同類別的研究方法為介紹的重點。叢書中的每一單冊，大約都在一百頁上下。導論的課程之後，想再對研究方法或統計分析進一步鑽研的話，這兩套叢書，都是入手的好材料。二者都出版了六十餘和四十餘種，說明了它們存在的價值和受到歡迎的程度。

弘智文化事業有限公司與 Sage 出版公司洽商，取得了社會科學方法應用叢書的版權許可，有選擇並有系統的規劃翻譯書中的部分，以饗國內學界，是相當有意義的。而中央研究院調查研究工作室也很榮幸與弘智公司合作，在國立編譯館的贊助支持下，進行這套叢書的翻譯工作。

一般人日常最容易接觸到的社會研究方法，可能是問

卷調查。有時候，可能是一位訪員登門拜訪，希望您回答就一份蠻長的問卷；有時候則在路上被人攔下，請您就一份簡單的問卷回答其中的問題；有時則是一份問卷寄到府上，請您填完寄回；而目前更經常的是，一通電話到您府上，希望您撥出一點時間回答幾個問題。問卷調查極可能是運用最廣泛的研究方法，就有上述不同的方式的運用，而由於研究經費與目的的考量上，各方法都各具優劣之處，同時在問卷題目的設計，在訪問工作的執行，以及在抽樣上和分析上，都顯現各自應該注意的重點。這套叢書對問卷的設計和各種問卷訪問方法，都有專書討論。

　　問卷調查，固然是社會科學研究者快速取得大量資料最有效且最便利的方法，同時可以從這種資料，對社會現象進行整體的推估。但是問卷的問題與答案都是預先設定的，因著成本和時間的考慮，只能放進有限的問題，個別差異大的現象也不容易設計成標準化的問題，於是問卷調查對社會現象的剖析，並非無往不利。而其他各類的方法，都可能提供問卷調查所不能提供的訊息，有的社會學研究者，更偏好採用參與觀察、深度訪談、民族誌研究、焦點團體以及個案研究等。

　　再者，不同的社會情境，不論是家庭、醫療組織或制度、教育機構或是社區，在社會科學方法的運用上，社會科學研究者可能都有特別的因應方法與態度。另外，對各種社會方法的運用，在分析上、在研究的倫理上以及在與既有理論或文獻的結合上，都有著共同的問題。此一叢書對這些特定的方法，特定的情境，以及共通的課題，都提

供專書討論。在目前全世界，有關研究方法，涵蓋面如此全面而有系統的叢書，可能僅此一家。

　　弘智文化事業公司的李茂興先生與長期關注翻譯事業的余伯泉先生（任職於中央研究院民族學研究所），見於此套叢者對國內社會科學界一定有所助益，也想到可以與成立才四年的中央研究院調查研究工作室合作推動這翻譯計畫，便與工作室的第一任主任瞿海源教授討論，隨而與我們兩人洽商，當時我們分別擔任調查研究工作室的主任與副主任。大家都認為這是值得進行的工作，尤其台灣目前社會科學研究方法的專業人才十分有限，國內學者合作撰述一系列方法上的專書，尚未到時候，引進這類國外出版有年的叢書，應可因應這方面的需求。

　　中央研究院調查研究工作室立的目標有三，第一是協助中研院同仁進行調查訪問的工作，第二是蒐集、整理國內問卷調查的原始資料，建立完整的電腦檔案，公開釋出讓學術界做用，第三進行研究方法的研究。由於參與這套叢書的翻譯，應有助於調查研究工作室在調查實務上的推動以及方法上的研究，於是向國立編譯館提出與弘智文化事業公司的翻譯合作案，並與李茂興先生共同邀約中央研究內外的學者參與，計畫三年內翻譯十八小書。目前第一期的六冊已經完成，其餘各冊亦已邀約適當學者進行中。

　　推動這工作的過程中，我們十分感謝瞿海源教授與余伯泉教授的發起與協助，國立編譯館的支持以及弘智公司與李茂興先生的密切合作。當然更感謝在百忙中仍願抽空參與此項工作的學界同仁。目前齊力已轉往南華管理學院

教育社會學研究所服務，但我們仍會共同關注此一叢書的
推展。

章英華・齊力
于中央研究院
調查研究工作室
1998 年 8 月

目錄

1

導論

　　本章介紹了整合型的研究回顧（integrative research review）一詞之定義，為研究回顧所遭受的一些批評辯護、以及介紹回顧的五階段研究模型。本章同時也介紹了四個不同的研究回顧以做為此後幾章的實證例子。

　　以科學的工具來追求知識是一個相互合作與依賴的過程，科學家或研究者花了許許多多的時間以進行科學的研究，基本上對這巨大的科學拼圖僅僅貢獻了其中的一小塊，任何單一研究的價值不只來自於其研究本身的特性，而其如何完成或擴展前人的努力也是具有相同價值的。雖然有一些研究獲得比其他的研究更多的注意，但這通常只是因為他們所解出拼圖的部分（或是他們所介紹的拼圖）是非

常重要的，而不是因為這些研究的本身便是解答或答案。

注重研究回顧之必要

　　既然科學的本質是累積而來的，因此對過去研究的信賴，便成為有順序建構知識的必需條件。但是，一些社會科學研究法的教科書則很明顯地缺乏注重研究者如何去找尋、評估和整合過去研究。這種輕忽在今日特別成為問題，因為近日來，社會科學研究之數量增加非常快速，為了配合越來越多的溝通需求，很多以理論和研究報告為對象的研究回顧已逐漸萌芽中。

　　近年來，要獲取社會科學資訊的能力也已有了巨大的改變，特別是要取得過去的研究成果，可經由電腦化文獻搜尋來協助。電腦文件搜尋研究摘要的能力，已經改進了科學家對其獲取實證之捷徑，如果他們知道如何去使用操作電腦的技術的話。

　　最後，對過去研究的依賴也因社會科學的逐漸專門化而增強，而時間的限制使得大部分的社會科學家不太可能跟得上所有初探性研究（primary research），只能專注在他們有興趣的一些主題上。Garvey 和 Griffith（1971）寫下在心理學中的這種情況：

　　　個別的科學家已經是科學資訊超載了，也許「資

訊危機」警訊的響起，是因為在過去資訊暴漲的期間中，個別的心理學家已經超負荷了，並且不再能跟上和消化與他們原先主要研究專長有關的所有資訊（p.350）。

本書的目標和前提

本書的目標在於想要彌補社會科學方法教科書中缺乏對文獻回顧的注重，本書會將一些蒐集資料的基本概念，應用到對過往研究較廣泛的整合。不管調查者是進行初探性研究或是研究回顧，嚴格和客觀的調查研究規則都是一樣的，但是，這兩種類型的調查都需要能配合其目的的專門技術，而過往大都忽略了整合型研究回顧的技術。

此種處理的前提是找出並整合不同之研究計畫，包括和解釋初級資料的推論一樣之知識效度為主的推論。因為社會科學資訊的數量和位置分歧，使得回顧結論的廣度和效度不再被視為理所當然。一個進行研究回顧的科學家要做很多會影響回顧結果的決定，而每一個決定都會造成對結果可信度的威脅。因此，如果社會科學的知識是經由研究回顧而傳達，是要客觀且可信的，那麼必須要求，研究回顧者使用和對初探性研究者有相同要求的嚴謹方法學。

當大多數的注意力都在於初探性研究的效度議題上時（Bracht & Glass, 1968; Campbell, 1969; Campbell & Stanley,

1963; Cook & Campbell, 1979），社會科學缺乏可提供有系統地指導研究回顧的過程之概念，以評估回顧結果的效度，而本書便嘗試提供這樣的企圖。

文獻回顧的定義

文獻回顧通常出現在介紹新初級資料的報告上，或是在一些較詳細的獨立研究中（e.g., Harper, Weins & Matarazzo, 1978; Maccoby & Jacklin, 1974），在介紹新初級資料中的文獻回顧之範圍通常都很小，被摘錄以做為介紹其他初探性研究的研究將會被限制為與新資料所陳述的特殊議題有關的。

當文獻回顧從新資料的介紹獨立出來時，無疑地便有更廣泛的目標。文獻回顧可以有許多不同的焦點、目的、觀點、涵蓋的策略、組織和聽眾（Cooper, 1988）。例如，文獻回顧能將焦點放在研究結果、研究方法、理論和（或）應用上，文獻回顧能夠整合其他研究所做和所說的、批評以前的學術研究、建立相關領域之間的橋樑、以及（或）確認在某一領域中的中心議題。

最常見的文獻回顧是組合了兩組焦點和目標，第一種類型的文獻回顧是整合型的研究回顧，此種整合型的研究回顧從很多不同但相信有相同或相關的假設性研究以做一完整的結論來綜合整理過去的研究，整合型的研究回顧者

希望能呈現相關的知識，和強調以往研究所沒有解決的重要議題。從讀者的觀點來看，整合型的研究回顧想要「替換那些從研究前線失去光采的論文」（Price, 1965, p.513），並且指導未來的研究方向，所以整合型的研究回顧會產生量極大的新資訊。

第二種類型的文獻回顧是理論的回顧（theoretical review），此種理論回顧者希望呈現出能解釋某一特殊現象的理論，並且比較這些理論的範圍、內在一致性和其預測性。理論的回顧一般包含對已經進行或建議的重要實驗之描述、那一種理論是最有力而且和已知的關係是一致的評估、而有時候是將不同理論的抽象概念重組或整合。

通常一個完整的回顧會提出這幾組議題中的幾個，整合型的研究回顧是最普遍的，而理論的回顧則一般會包含一些整合回顧的某些部分，而整合型的研究回顧也常會提出多重相關的假設。例如，一個研究回顧可以檢視幾個不同自變項和單一依變項之間的關係，或者可以試著摘要與一連串相互連結的假設有關的研究。

本書所主要強調的是在整合型的研究回顧，不僅僅因為這是最常見的回顧類型，而且也包含了其他回顧類型所出現的決策點——以及一些獨特的觀點。

研究回顧的階段

　　大部分研究方法的教科書建議科學的調查包括了一組連續的活動，雖然方法學者對研究的階段有其不同之定義，但是階段中最重要的區別在於相當程度的共識。方法學者也都同意階段的順序不是固定不變的，實證研究者通常會跳過一個或更多的階段，並且也不只從正向，有時候也會反向進行（Selltiz, Wrightsman & Cook, 1976）。

　　在本書中，整合性的研究回顧的過程將會包含五個階段：（1）問題陳述；（2）資料蒐集；（3）資料評估；（4）分析和解釋；以及（5）結果的發表。每一個回顧的階段都有和初探性資料研究類似之功能，例如，初探性研究和研究回顧兩者在問題陳述階段都包含了對變項之定義，而在分析和解釋的階段則都包含了什麼結果是有重要意義的選擇。和初探性資料蒐集者一樣，研究回顧者可以對如何進行其調查有不同的選擇。不同的回顧方法會對回顧結果產生差異，最重要的是，在每一個回顧的階段中，每一個方法上的選擇可能都會損及回顧結論的可信度，或用較科學的用語來說，是對回顧效度的威脅（效度的較正式定義會在第 4 章出現）。

　　和回顧過程的每一個階段有關的功能、變異來源以及對效度可能的威脅都摘要在圖 1.1 中，此後的幾章中，研究回顧的每一階段都將會加以更詳細的檢視。

研究的階段

階段特質	問題陳述	資料蒐集	資料評估	分析和解釋	公開發表
所問之研究問題	回顧應包括什麼證據?	應使用那些步驟以找出相關的證據?	回顧應包括那些取得之證據?	應使用那些步驟以做個整體的推論?	回顧報告中應包含那些資訊?
回顧的基本功能	建構能區分相關與不相關研究的定義	決定要檢視的潛在相關研究之來源	應用一些標準以區別有效和無效的研究	綜合整理所取得之有效研究	應用編輯的標準以區別重要和不重要的訊息
造成回顧結論之不同的步驟差異性	1.所包含之操作型定義的差異 2.在操作細節上的差異	包含資訊來源之研究的差異	1.品質標準的差異 2.非品質標準之影響的差異	推論規則的差異	對編輯判斷之指引的差異
造成回顧結論可能無效的來源	1.範圍較窄的概念會使回顧的結論較不受限和較無力 2.表面的操作細節會掩蓋互動變項	1.所評估的研究可能在品質上會異於所研究的目標母體 2.在可評估的研究中人的樣本可能會異於人的目標母體	1.非質性因素可能導致研究資訊的不恰當加權 2.研究報告中會遺失的結論不可信	1.區別類型與干擾的規則可能是不適當的 2.以回顧證據基礎被用來推論因果關係	1.回顧步驟的省略會使結論無法再製 2.回顧步驟的省略會使研究發現和省略的結論廢

圖 1.1 如研究計畫般概念化的整合型回顧

資料來源：Cooper, H., Scientific guidelines for conducting integrative research review, *Review of Educational Research*, 1982, 52, 291-302. American Educational Research Association, Washington, D.C.

- 問題陳述階段

　　研究過程的第一個階段是問題陳述階段，在此階段中，調查所包括的變項都會給予抽象和具體的兩種定義。在本階段，研究者會問：「和回顧的概念有關的操作有那些？」更廣泛的說，研究者必須決定用什麼來區別有關與無關的材料。

　　在第 2 章中，會討論到研究回顧者在問題陳述階段會碰到的決策點，而這討論將可以回答以下幾個問題：（a）會影響研究回顧者特殊研究相關性的決定是什麼？（b）研究回顧者如何掌控包含兩個或更多自變項間互動的假設？以及（c）在陳述問題之際，以往的研究回顧應該扮演什麼樣的角色？在第 2 章中也同時會呈現一些有關研究回顧者應該從被已認定和某問題的領域相關的實證研究中蒐集什麼樣資訊的具體建議。

- 資料蒐集階段

　　一個研究的資料蒐集階段包括將會成為研究焦點與母體有關的選擇，對研究回顧來說，確認母體是複雜的，因回顧者想要對以下兩個目標做推論，第一，回顧者想要根據所有先前有關某一問題的研究之回顧的累積結果。第二，回顧者希望被包括進來的研究會允許其推廣至主要討論領域之焦點個人的母體（或其他單位的母體）。

　　第 3 章呈現了找出研究之方法的詳細討論，這討論包括了對社會科學有用的研究來源的清單、如何去使用最重要的資源和在每一資源中所包含之資訊會呈現什麼偏誤。

- **資料評估階段**

  資料蒐集之後，調查者做了一些有關於個別資料點品質的精確判斷，每一個資料點都被當做周圍的證據來檢視以決定其是否被與問題無關的因素所污染。

  第 4 章討論了如何進行研究品質的評估，並且建議一些有關信度的評估以及判斷時偏誤的來源。同時，第 4 章也包括了一些有關無法獲取的研究報告和不完全的研究報告的建議。

- **分析和解釋階段**

  在分析和解釋之時，調查者所蒐集的不同資料點被綜合為一有關於研究問題的單一陳述，調查者被要求從干擾或偶然的變動裡區分出有系統的資料模式之解釋。

  第 5 章包含一些混合獨立研究結果的方法和一些估計相關程度或大小的方法，也同時檢視了在不同的研究中所發現用來分析關係大小之差異的技術。

- **公開發表階段**

  製作一份描述回顧結果的公開文件是完成此研究的任務，在第 6 章中，將會提供一些有關於如何發表整合型的研究回顧報告的具體指引。

嚴謹的研究回顧之四個例證

最好說明嚴謹的研究回顧之可能性和益處的方法便是舉例說明,所以本書選擇了四個研究回顧來說明施行嚴謹的整合型研究回顧的實際面。這四個研究回顧的主題代表了社會科學研究具有廣泛的分析層面,其中包括幾種在性質上不同類型的研究,並且包含了不同的概念和操作的變項,即使這些研究的主題是分歧的,但它們同時也相當一般性,使任何讀者都應能發現這四個主題相當具有教育性,以及不需要具備特別的研究領域背景便很容易能了解。當然,對每一個主題稍做簡單的介紹是有幫助的。

- **家庭作業對學術成就的影響**(Cooper, 1989)

要求學生在放學後做一些學術功課的練習幾乎從正式上學就有了,但是,家庭作業的功效至今仍是爭論不休的,整個二十世紀,對有關家庭作業的民意仍是看法歧異的。過去與家庭作業有關的研究已經下了家庭作業有正面的影響或是沒有影響的結論,但是這些研究不是不完全,就是有太多的間接變數中介了家庭作業的影響,以致於無法下任何全面性的結論。

在檢視過往的文獻時,本回顧例證找到十個與家庭作業研究有關的問題,其中三個是在處理一般家庭作業是否有效的議題,而其他的七個則在處理家庭作業步驟的差異(例如,個別化、年級)。三個與家庭作業整體效用有關

的假設是問有做作業的學生是否比沒有做作業的學生或接受課堂輔導的學生表現要好，或者學生所做家庭作業的數量是否與其成就有關。為了便於說明，將只檢視第一個問題的研究結果：做家庭作業的學生比沒有家庭作業也沒有其他替代方法的學生表現較好嗎？

- 在實驗室研究中，人際期望效應的人格調節者（Copper & Hazelrigg, 1988）

　　在社會心理學中所建立最好的發現之一便是一個人對另一個人的期望會影響其他人的行為，人際期望效應（interpersonal expectancy effects）的實驗檢測最早是在實驗室中進行的，引導無知的實驗者相信，受試者對他們所看到照片上人的臉有兩種不同評價，不是成功就是失敗，而事實上兩組所用的照片是完全相同的。研究結果顯示，期望較多成功評價的實驗者，結果也從其受試者獲得較多成功的評價。

　　並不是所有的人對人際期望的效應都有相同的感受性，因而展開了確認有那些人格變項，會調整那些期望影響其行為的程度之努力。此研究有五個一般性的假設，其中三個假設和實驗者有關，這些假設建議有較大影響他人需求的實驗者、較接受非口語訊息的實驗者、以及對其受試者有比較喜好的印象之實驗者，會產生較顯著的人際期望效應。其餘的兩個假設和受試者有關，這兩個假設建議較從眾性，而且能較正確地解讀非口語訊息的受試者，比較傾向有和實驗者所期望一致的行為。Cooper 和 Hazelrigg

（1988）進行蒐集和整理用來檢定這五個假設的研究。

- **過動兒的藥物治療**（Ottenbacher & Cooper, 1983）

    據估計約 4%至 20%的學齡兒童是所謂注意力不足的過動兒（hyperactive children）。因爲如此高的比率，教育者和醫師兩者都一直努力的從事過動兒的有效治療，所提出的治療方法從飲食的限制與補充到行爲修正的訓練都有。但是，目前對過動兒最爲普遍的治療是藥物的控制，幾乎所有被診斷爲過動的兒童都接受了某些形式的藥物做爲治療。

    雖然過動兒的藥物治療使用如此的頻繁，但對此種治療的適當性仍有相當大的爭議。除此之外，對不同種類藥物（刺激性和不刺激性）的相關效用，以及對任何會影響運動和知覺表現（也就是社會調適和教育表現）行爲的藥仍有一些疑問。

    由 Ottenbacher 和 Cooper（1983）所進行的研究回顧則試圖要說明三個重要的議題，特別是，此研究回顧想要回答以下主要的問題：（1）在過動兒藥物治療上，安慰劑效應的影響是什麼？（2）不同的藥物對過動的效應有差異嗎？以及（3）藥物治療的效用能普及至過動兒的社會和教育行爲嗎？

- **問卷受訪率**（Yu & Cooper, 1983）

    一個困擾著所有社會科學，特別是市場研究的問題是調查問卷的拒訪。當被選中的受訪者拒絕或無法參與研究

時，研究者必須面對其餘的樣本不再對母體具有代表性的可能。

　　已有一些技術被用來增加問卷的回收率（Kanuk & Berensen, 1975），包括預先通知信告知問卷即將寄來、不同訴求類型的首頁信（cover letter）、個別化的要求、附回郵信封、金錢和非金錢的獎勵、以及追蹤。除了使用金錢獎勵和追蹤以外，過去對這些技術效用的回顧，並沒有發現很有力支持的結論（Kanuk & Berensen, 1975）。但是，這些回顧是研究的故事性綜合分析。

　　Yu 和 Cooper（1983）嘗試要更進一步進行研究文獻的量化綜合分析來回顧過去的研究努力，因為「回收率」（response rate）是一普遍測量有效性的技術，使用相同技術的研究結果「也就是原始資料（raw data）可以直接的加以算術的混合」（pp.36-37），這個研究回顧的目的即是進行此一分析。

練習

　　當在閱讀本書時，最好的練習是在一個你有興趣的領域進行一整合型的研究回顧，此回顧應嘗試應用在以後幾章所探討的指導綱領。如果這樣一個練習是不可能，那試著進行一些在每一章結束時出現的練習，通常如果這些練習是由課堂中的幾個成員共同分工合作的話，會簡化很多。

2

問題陳述

　　本章描述了在整合型的研究回顧中說明假設的
過程，包括概念和操作的處理、研究所得和回顧所
得的證據之間的區分、主效應和互動關係的處理、
以前的回顧在新的回顧努力中所扮演之角色、初探
性研究報告之過錄表的發展和在問題陳述階段對效
度的威脅。

　　「不管你想要研究什麼樣的問題，也不管你最終將使
用什麼樣的方法，你的實驗研究必須以仔細考慮研究的問
題開始」（Simon, 1978, p.98）。以其最基本的形式，研究
問題包括了變項的定義和變項彼此之間相關的基礎，此基
礎可以是預測變項之間（如同在驗證性的研究中）特殊關
聯的理論，或是建議任何發現的關係可能是重要的（如同

在探索性的研究中）之某些其他實證或直接的考量。任何
一個問題基礎都可被用來做爲初探性研究或研究回顧的開
始。

　　在初探性研究中要研究之關係的選擇是受到研究者的
興趣和其周遭社會條件的影響（Selltiz et al., 1976），這對
未來的研究回顧者在選擇主題時也同樣是一項重要的限
制，初探性研究者只受到他們想像力的限制，但是研究回
顧者必須研究那些已經出現在文獻中的主題。而事實上，
某個主題很可能並不適合研究回顧，除非它已經出現在文
獻中，或在一領域中已經創造些許的關注，這不是因爲問
題是廣泛的概念，就是因爲其是被強烈的研究活動所包圍
著。

　　研究回顧被限制在範圍有限的問題中，此一事實並不
是意味著研究綜合的活動比起初探性研究來較不具創造
性，而是相對的，當研究回顧者被要求明白很多相關但是
不同的理論或研究時，研究回顧的創造性便產生了。通常
研究的累積成果比由分別進行那些研究的人的想像力要複
雜好幾倍，研究者找出影響一關係的變項之本能和產生相
異的計畫之能力在研究綜合的過程中是重要的成分。

在科學調查中變項的定義

初探性研究和研究回顧的相似點

　　在科學調查中所包括的變項必須以兩種方法給予定義，第一，必須給變項概念性的定義，此種定義描述了變項的品質是獨立於時間和空間，但能被用來區別與概念相關或無關的事件（Carlsmith, Ellsworth & Aronson, 1976）。例如，成就的概念性定義可能是「一個人學術機能的程度」。概念的定義可以在抽象程度上或在可指涉的事件之數目上有所不同，因此，如果將成就定義為「經由努力所獲取的某些東西」，而此概念則比前一個定義更抽象。第二個定義允許成就和達成在學術上的目標一樣，也可以是一個人在社會、物理和政治的範圍中所達到的目標。初探性研究和研究回顧兩者都必須選擇概念性的定義和他們問題變項的抽象程度，這兩者也都必須決定一個事件以代表其所欲研究變項情形的適當性。

　　為了將概念關聯到具體的事件，也必須操作地定義變項，操作型定義是一組描述允許一個人決定在特殊情境中，概念是否出現的可觀察事件之指示（Reynolds, 1971）。因此人際期望效應的操作型定義可能包括「當預期實驗者成功的評價與失敗的評價時，受試者對照片評價的差異」。同樣的，初探性研究者和研究回顧者必須詳細說明包含在

他們變項定義中的操作。

初探性研究和研究回顧的相異點

在定義變項時，也能發現這兩種調查之間的某些相異點。初探性研究者只能在調查開始之前操作地定義其概念，而無太多的選擇，在給變項某些已界定的實驗事實之前，初級的資料蒐集是無法開始的，就如一個過動兒治療的調查者必須選擇藥物和劑量。然而另一方面，一個研究回顧者則在理論上不需要如此的嚴苛。以概念性的定義來開始文獻的查尋，當不同操作的概念性相關出現在文獻中時，研究回顧者能夠比較輕鬆的去評估不同操作（例如，放學後的家教應該視為家庭作業嗎？）或與資料蒐集同時一起評估。當然，最好是有一些操作上事先的說明，而且大部分的回顧者確實是以在心裡先有實證的領悟來開始的，但是，對研究回顧者而言，他們原先並沒有想到，而也不難見到有些研究者在檢驗文獻時，才偶然發現其和要研究之建構有相關的情形。總之，初探性研究者通常在資料蒐集之前，即正確地知道事件所制定要抽樣的範圍為何，但是研究回顧者則可以在過程中發現沒有預期的抽樣。

兩種不同調查之間的一個比較明顯的區分為：在初探性研究中一般相同的建構只包括一個（有時候兩個）操作型定義；而相對的，研究回顧則一般會包括很多實證的領悟。雖然在任何單一研究中，沒有那兩個參與者是完全一樣的待遇，但是相較於在分別不同的研究中所使用的實驗

室差異、處理、母體抽樣和分析的技術，此種變異原來就很小（Light & Pillemer, 1984）。在研究回顧中所包含的多重操作引介了一組需要小心檢證的獨特問題。

在研究回顧中的多重操作

　　概念和操作之間的「適合性」：研究回顧者開始問題的形成時必須明白，因為在文獻中操作的變異性，可能會產生兩個潛在的不一致性。第一，期望多重操作的研究回顧者可能會從較廣泛的問題定義來開始文獻的搜尋，但結果卻會發現在以前的相關研究中所使用的操作卻是相當狹隘的。例如，在研究家庭作業和成就之間相關的回顧例證中，研究者可能從較廣的成就定義來開始，包括學術、社會和物理的行為範圍。如果是這樣的話，結果會令人相當失望的，因為以往大部分的研究只處理與學術有關的成就，當這種情況發生時，研究回顧者必須將要回顧的概念性基礎縮小到和操作比較一致的情況。否則，研究回顧的結論將會出現比資料所保證的更籠統。

　　另一個相反的問題是，若使用由多重廣泛測量所定義較窄的概念，對研究回顧者也會產生困擾。如果家庭作業和成就的回顧在開始時即只尋找成就的學術性測量，而文獻搜尋的結果卻透露有很多其他類型的成就行為時，這種情況就可能會發生，於是研究回顧者所面對的選擇便是擴

大其概念，或是要去掉很多相關研究。

研究回顧者要注意到，重新評估概念定義的抽象程度與初探性研究者已經用以定義之操作的代表性之間的一致性，是非常重要的，當在初探性研究中對問題的重新定義做為一個調查進行是不好的時候，而在研究回顧中具備一些彈性也許是必須的，即便不是有利的話。

多重操作主義（multiple operationism）**與概念對概念的一致性**：Webb、Campbell、Schwartz、Sechrest 和 Grove（1981）提出對多重操作主義的強烈主張，他們將多重操作主義定義爲理應共享一個理論概念，「但是有不同類型之不相關成分」的許多測量（p.35）。多重操作主義有一些有利的結果，因爲：

> 一旦經由兩個或以上的獨立測量過程而確認一個命題，其解釋的不確定性便大大的降低……如果一命題能在一連串不完美測量的破壞下仍然能生存下來，那對此命題便應有信心，當然，此信心會因減少每一測量的誤差以及合理的相信誤差來源的不同效應而增加。（p.35）

當 Webb 等人（1981）主張因爲多重操作而增強推論的可能性，其品質也必須加以強調。如果在研究回顧中所包含全部或大部分的測量都有至少令人滿意的效度的話，那麼多重操作主義便能提高概念對概念的一致性（concept-to-concept correspondence）。這理由和在人格問卷中將古典

測量理論應用在單一問項所持之理由是類似的，如果效度極小的問項（操作）有足夠數量的話，個別問項（在本例中之操作）之間很小的相關程度以及「真實」分數可以累加為一可信的指標。但是，如果大部分的操作和基本的概念是不一致的，或是這些操作比其所想要研究的概念來，與不同的概念有更大的一致性，則不管多少問項或操作被包括進來，研究回顧的結論將是無效的，這和測量理論也相當類似。

回顧研究同時也必須檢視對操作和概念的一致性會有威脅之研究設計，如果經由文獻搜尋所顯示的研究設計包含了相同無效的步驟，那操作和概念之間的一致性便受到威脅。有關家庭作業和成就的研究回顧再一次提供了一個很好的例子，家庭作業研究是在教室中進行的，因為這些研究通常是為了學位論文而進行的，所以一般來說，只以教室中的小樣本為主，只有一或二班的學生，是有家庭作業和無家庭作業的情況，而老師也是實驗者，因此，老師可以對上課的學生有不同的待遇，而不是他（她）有否指定作業。如果所有文獻搜尋出的研究都是由老師同時教有和沒有家庭作業兩種情況的話，那不管已經進行了多少研究，不同的待遇，而非家庭作業的有無，會對成就有影響的相對假設，就不能被排除。很幸運地，也有研究是以不同的老師被隨機的指定到有家庭作業或沒有家庭作業的班級中。

另一個過動兒的藥物治療的研究回顧也一樣，某些研究發現只有醫師（那些執行治療者）不知道他們所給的是

安慰劑還是藥，而其他的一些研究則只對自變項的過錄者保密。如果這兩種條件的研究結果都類似的話，那當檢視一些累積的研究發現時，以期望效應來解釋結果的可能性就比較不合理了。

總而言之，在研究文獻中所存在的多重操作顯示了經由證據的「三角測量」有更有力推論的潛在利益。但是，如果所有或大部分的測量都缺乏對其概念的一致性，或是如果研究設計都面臨到一些不想要的影響，此一相似的研究困境時，那麼多重操作並不保證概念對概念的一致性。

以新概念替換舊的：也許對社會科學最具挑戰性的情況，就是當介紹一個新的概念來解釋舊發現。例如，在社會心理學中，認知不協調的觀念時常被用以解釋為什麼一個付他 1 美元以說出相反意見的人，結果會比接受 25 美元報酬做同樣事的人有比較大的態度變化（Festinger & Carlsmith, 1959）。不協調理論建議，因為錢的總數不足以調整對相反意見的支持，所以他們會有不好的感覺，而只有經由態度的改變才能減輕他們這種感覺。但是，Bem（1967）以自我認知理論（self-perception theory）來修正這些不協調實驗的結果，簡單地說，他推測那些觀察到他們自己支持相反意見的實驗參與者推斷他們的行為和一個觀察者所應該有的相同，看到他們自己為了 1 美元而爭的參與者假設，因為他們的行為表現沒什麼調整，所以他們必須對問題中的態度有正面的感覺。

不管發現了多少 1 美元或 25 美元的重複實驗，一個研究回顧者不可以用這些結果來評估這兩個理論的正確性，

研究回顧者必須留心區分概念和以相同操作預測相同與不同結果的理論。如果有不同的預測，則累積的證據能夠被用來評估那一個理論的正確性，或是在不同的情況下，每一個理論都是正確的。但是，如果這些理論都做了相同的預測，則沒有任何根據研究結果的比較判斷是可能的了。

使用的操作原本與概念不相關：在文獻搜尋中常發現研究的理論架構和回顧者的不同，但這包括回顧者已經有的與概念有關的測量或處理。例如，有幾種和「過動」相似的概念出現在研究中。當確認了相關的操作與不同的抽象建構有關聯時，它們大部分應確定地被包括進研究回顧中。而事實上，在相似的操作之後，不同的概念和理論能被用來說明結論的完整性。也許沒有比讓有不同理論背景的不同研究者做相關的實驗更好的方法，來保證操作包含不同型態的無相關組成成分。

回顧結果的多重操作效應：操作的多重性不僅是介紹可能的有力結論到概念性變項，它同時是在說明同樣主題的不同研究回顧的結論之變異最重要的來源，操作多重性會在以下兩方面影響回顧的結果：

1. 操作型定義的變異：兩個針對相同主題所做的研究回顧可能會使用不同的操作型定義，如同早先所提醒的，兩個用相同抽象概念的研究回顧者可能會有非常不一樣的操作型定義或抽象程度，每一個定義都可能包含一些沒有被其他定義包括之操作，或是某一研究回顧者之定義會完全包含另一回顧者之定義。

2. 操作細節的變異：由於研究回顧者對在文獻中所使用方法差異性的注意力不同，操作的多重性也會影響回顧的結果。此種效應可歸因於研究操作的差異是在文獻搜尋之後再處理的，如 Cook 和 Leviton（1981）所提醒的，使用所獲的資料類型當做線索以產生可能的解釋概念，而此概念詳述了在二個變項之間所有之正的、沒有或負的關係下之條件。研究回顧者的差異在於他們開始進行偵測的工作有多少，某些回顧者會非常留意研究操作，他們會決定確認操作和樣本的差異性，而其他的回顧者可能會覺得方法或參與者依賴關係是不太可能的，或他們只是不關心而已。

　　研究回顧的例證：前面所提四個研究回顧例證中的二個提供了關於定義廣度、概念和操作之間的適合性和多重操作對其研究發現影響的相對例子。

　　對人際期望效應的人格調節者的搜尋找出了三十二種用以測量實驗者人格的量表和二十七種用在受試者的量表，而有八種不同的量表是用來測量實驗者對社會影響的需求，九種在測量表達性和十一種在測量人望（四種測量和假設無關的建構），對受試者則用十一種不同的量表來測量可變化性。很明顯地，多重操作已經應用在這個領域中了，因此，因爲使用了多重操作，所以可以確定在這四個假設中，其他困擾任何單一量表的變項對研究回顧者的結論並沒有太多的影響。但是，當由多重操作所包含較廣泛的假設出現時，幾乎所有的測量都是紙與筆（paper-and-pencil）的不同，因此，我們必須接受一般和紙與筆測驗有關的混淆之外（像回答和評估意見的社會期望），仍然會有影響回顧者結果的可能性。

有關於人際期望效應的測量，使用了四種不同的操作化，最簡單的是用照片評價的原始分數，然後將期望的條件（成功或失敗）加入變異數分析中，其他的步驟則以檢查期望的和所獲得的評價之間的差異來定義期望效應。這些測量不只在如何計算上有所不同，同時也在他們是否以所得評價之極端值，或是以所得的評價反應期望的正確性來定義期望效應，這兩個概念是非常不同的。

包括了研究問卷回收率之研究設計效應的回顧顯示了最容易的問題陳述，問卷回收率是所有研究的依變項，這是範圍很窄的概念和操作定義與研究回顧者的目標完全相對應的例子。同樣地，由研究回顧所包含的研究設計都已操作地定義了，因此，雖然大約檢視了二打不同的研究設計（例如首頁信和金錢誘因），但是並沒有必要提出一個能包含所有東西的概念性變項（當然除了「研究設計」以外）。

判斷研究的概念性相關

在提出包括在兩個研究回顧例子中的操作，和將它們關聯到回顧者的抽象觀念時，規避了一個更基本的問題：

首先，如何判斷這些研究是在概念上相關的？研究回顧者用來區別相關或不相關研究的規則，決定了概念和操作之間配合的程度。

　　資訊學家已經很嚴密地檢查了是什麼令一個研究和研究問題相關的問題（Saracevic, 1970），很遺憾的，一個研究回顧者所運用概念抽象性的程度並沒有如同對相關評斷一樣有影響而加以檢視，但是無論如何，對研究相關的判斷是和回顧者開放的心態以及在其領域之專業見解（Davidson, 1977）、決策是否是根據標題或摘要（Cooper & Ribble, 1989）、甚至回顧者在做相關決定時所有的總時間有關聯的（Cuadra & Katter, 1967）。因此，研究回顧者所選擇概念的定義和抽象的程度確實是兩個對研究是否相關之影響，而很多其他的因素也同時會影響這資訊過濾的過程。

　　對於概念性相關的唯一建議是，研究回顧者在開始文獻搜尋時，在心理應設定最廣泛的概念性定義，為了包納這廣泛的概念而在決定操作的接受性時，研究回顧者一樣必須盡可能的保持開放的心，在回顧的以下幾個階段——特別是資料評估階段——有可能會讓研究回顧者因為缺乏相關性而排除特定的操作。但是在問題陳述和搜尋的階段，回顧者可能發生之錯誤應在包括太多資訊，就如同初探性研究者蒐集了一些資料而後可能並未用在分析中一樣，而最令人困擾的是發現解出拼圖的有用部分被略過，而需要再重新搜尋。

　　較廣泛的搜尋也允許回顧者以較詳細的操作開始，較

廣泛概念的用處在以後的幾章中將會再多次強調。

研究回顧的例證：家庭作業有效性的研究回顧面臨了是否要包括特定種類的操作之問題，行為治療者通常給他們的病人指定對克服其恐懼症有幫助的「家庭作業」或是練習，較廣泛的概念應該也要包括這種類型的家庭作業。為了比較接近一般與學校有關的意義，某些學生通常課後接受家教補習，而其他的則從事在家自修的電視或錄影帶課程，定義家庭作業概念的一些方法可能包括這些活動中的任何部分或全部。最後，以定義家庭作業為「由學校老師所指定其學生在課後所要做的任務」，而決定排除這些類型的家庭作業活動。

藥物和回收率的研究回顧顯示了少數幾個很難區分相關與不相關研究的案例，因為這些回顧的目標範圍很窄，而在方法上不同研究之間的變異也很小。

在研究回顧中不同概念的關係

成為大部分的研究回顧者動機的問題包括兩個變項之間的關係，對此有一個簡單的解釋：主效應比起任何包括相同三個變項間的互動，一般說來更常被檢測。在我們四個研究回顧例證中的三個就以兩元變項關係（bivariate relation）做為它們開始的焦點，但是，這些回顧也檢驗了主效應關係的可能影響。其中以調查人際期望效應之人格

調節者的這個研究回顧，是以檢測三個變項關係開始的，主效應包括了對影響社會判斷的期望，但是這關係包括了這主效應如何受到預期的人和目標之人格的影響。

當在社會科學中某些特殊互動的假設已經普遍到足以要求獨立的研究回顧時，對大部分的主題而言，一開始的問題陳述將會包括主效應的問題。但是，要建立主效應存在所開始的研究回顧，應該不會減少回顧者對可能發現的互動和改變影響的注意。如果發現有第三個變項會改變主效應關係，那這些發現應優先加以推論，即便當互動關係是基本的焦點時，對較高層次互動的搜尋也應該繼續。因此人格調節的研究回顧在調查這些互動效應，是否或多或少會在不同的情況之下出現，包括實驗者要獲得期望效應和照片的模糊程度之誘因的出現，在討論如何在研究回顧中解釋主效應與互動的第 5 章中，將會提及更多變項之間的關係。

從研究和回顧所得的證據

包含在研究回顧中的關係有兩種不同的證據，第一種類型稱為研究所得的證據（study-generated evidence），特別是研究所得的證據，出現在包含直接檢測所考慮的關係之結果的單一研究中。研究回顧也包含了非從個別研究來的證據，而是在不同研究中由步驟的變異而來的，這種則

稱為回顧所得的證據（review-generated evidence），這種類型的證據則出現在用不同步驟，以檢測相同假設的研究的結果之間相互比較時。

任何關係都能經由研究所得或回顧所得的證據而加以檢測，但是只有研究所得的證據允許研究回顧者做有關因果關係的陳述，有一個例子可以澄清此一論點。有關過動兒的研究，假設研究回顧者的興趣在於，興奮劑或非興奮劑對過動兒是否有不同的效應，同時假設發現有十六個研究，隨機指定兒童於興奮劑或非興奮劑的條件中，這些研究累積的結果因而能被解釋為：支持或不支持不同的藥物會對過動兒有不同效應的概念。但如果現在假定研究回顧者找出有八個研究只用興奮藥物，相對於沒有用藥的控制組，而另外八個研究則只比較非興奮藥物，相對於沒有用藥的控制組。如果此回顧所得的證據顯示用興奮藥物的研究有減少過動的情況，而用非興奮藥物的研究則無此結果，那便可推論其間的關聯了，但並非因果關係。

為什麼會這樣？對回顧所得的證據而言，因果關係的方向並不是問題所在，要爭議過動兒童行為的改變量導致實驗者對藥物的選擇是非常不智的。但是，另一個因果關係的成分，即缺少潛在第三個變項或虛無關係而致使此關係，是有問題的，第三個變項的多重性可能困擾著原始實驗者對興奮劑或非興奮劑藥物的選擇。例如，使用非興奮藥物的實驗者或許也已經用了不同的方法來評估過動的情況，或是想要研究不同嚴重程度或類型過動的兒童之實驗者，也可以選擇研究不同的藥物。如果結果不同的研究數

目很多的話，要發現其他困擾著研究者如何選擇藥物的設計特質會很困難，但仍是有可能的。因此，回顧所得的證據不能合法地排除困擾著可能爲眞正原因的研究特質之變項，因爲回顧者並沒有隨機指定藥物到實驗中，所以其虛無性（spriousness）可能被消除，而在初探性研究中這種隨機指派讓我們可以假設，在實驗的條件中第三個變項是同樣的表現。

以上的例證說明了回顧所得的證據一般是如何用來檢測關係的可能改變者，就如同在這個例子中一樣，大部分的回顧所得的證據檢驗了互動的假設，或是第三個變項對一關係強度或方向的效應。通常要用回顧所得的證據來檢測主效應關係是非常困難的，因爲即使在同一個領域中，社會科學家也會用不同的量表來測量他們的依變項。當研究特質是做爲第三變項而加以檢測之時，未標準化測量的問題必須先加以考慮，因爲不同研究之間的主效應關係可以被轉換爲標準效應，如此以控制不同的量表（請看第 5 章）。

有一個例子可以說明，如何能經由回顧所得的證據來檢測主效應關係，不過其證據是包含在回收率之研究設計的回顧例證中。在這回顧中，這些研究在設計上有其特質——也就是金錢誘因的使用——是初探性研究者實驗性操作的研究。也就是在某些研究中，在可能受訪者中隨機選出次樣本，並給予金錢誘因，而另外的次樣本則並沒有給予誘因，這是在主效應假設中的研究所得的證據。但是，研究回顧者也能夠找出明確陳述所有的受訪者都接受金錢

誘因或沒有任何受訪者接受金錢誘因的相關研究。因為在這些研究中所使用的依變項都是一致的（也就是受訪率），所以要比較這些不同研究彼此間受訪率的情形是可能的，也就是以回顧所得的證據來檢測主效應關係。比較金錢誘因和非金錢誘因情況的研究所得的證據能告知金錢誘因是否會導致受訪率的差異，這樣的資訊因而能由檢驗沒有誘因之研究和有誘因之研究的受訪率而取得。但是，第二種證據不能單獨做為因果推論的基礎。

因此，研究回顧者心理要保持研究所得的和回顧所得的證據之區別是很重要的，只有來自於單一研究中實驗操弄的證據能支持有關因果關係的論點。但是關於在因果關係的推論時，回顧所得的證據比較不利的地位並不意味著此種證據基礎應該被忽略。回顧所得的證據之使用讓研究回顧者可以檢測初探性研究者從未檢驗的關係，即使這證據並不是很明確的，這仍是研究回顧的主要優點和可為將來初探性研究可能假設的來源。

以往之研究回顧所扮演的角色

如果研究回顧的主題已經在某一領域中有很長久的歷史了的話，嘗試使用本書中所列的綱領的研究回顧者很可能會發現相關的回顧已經存在了，很明顯地，這些工作在新的研究回顧開始進行之前就需要加以仔細查核。以往的

回顧工作能協助建立新的研究回顧的必要性，此評估的過程和在初探性研究中，在研究者開始一個新的研究之前所使用的是非常類似的。

　　一個新的研究回顧者能在過去的研究回顧中尋找以下幾件事，第一，過去的研究能被用來確認在此領域中其他學者的位置，特別是，能用過去的研究來決定相互衝突的結論是否存在，如果是的話，是什麼導致此衝突的。

　　第二，回顧以往的研究回顧可以評估前人工作的完整性和效度。如同在研究回顧中所聲明使用量化步驟的優點，我比較了對服從性的性別差異之研究統計回顧與傳統之回顧（Maccoby & Jacklin, 1974），使用和故事性的回顧者所做的相同研究，我能夠說依據作者所找到的證據，故事性回顧者的結論有些保守（Cooper, 1979）。

　　以往所做的研究回顧，對確認新的研究回顧者想要檢驗的互動變項，也能夠有很顯著的幫助，不需重新開始蒐集潛在的調節變項，過去的研究回顧，無疑地會提供很多，根據先前工作和他們自己聰明才智的建議，如果某一領域有多於一個的研究回顧已經在進行，那新的研究回顧將能夠納入所有的建議。

　　最後，過去的研究允許研究者開始相關文獻目錄的蒐集，大部分的研究回顧都會有相當長度的文獻目錄，如果有多於一個的研究回顧，則其引用之文獻通常都會有某種程度的重疊，但是也有可能是非常不同的。如同在 Findley 和 Cooper（1981）的例子中，他們發現在社會心理學概論的教科書中，同一主題章節之下所引用的研究，其本質上

是不同的。和在下一章中會描述到的技術一般，過去研究回顧所引用的研究提供給新的回顧者文獻搜尋一個很好的開始點。

　　研究回顧的例證：在四個例證當中，對家庭作業研究的回顧是最能說明運用以往回顧的一個例子，之前找到九個有關家庭作業是否會影響學術成就的獨立回顧。既然這九個研究回顧已經存在，所以必須調整對第十個回顧的需求。第一，資料顯示過去的九個回顧在其有關家庭作業的有效性之結論有非常大的差異；第二，不同的研究回顧所檢驗的做為家庭作業效應調節者的變項組也不同；第三，當檢驗的是相同的調節者時，不同的回顧者有時候對其效應會下完全相反的結論；第四，發現過去的研究回顧沒有任何一個是非常完整的——沒有任何單一的回顧包括了大於所有回顧者所找到總研究檔的 60%。因此，新的研究回顧可以用來解決先前回顧結論有衝突的地方、用來一次檢驗所有提出之家庭作業效應的調節者和包括更廣泛的研究基礎。但是，並不是說過去的研究回顧都是沒有用的——他們能協助描述家庭作業過程之理論架構的發展、當評估家庭作業的效應時提出需要加以陳述之議題、以及建議可能會影響家庭研究的用途的完整之內容因素的目錄。

研究回顧之過錄表

　　一旦研究者已經將問題陳述清楚，而且也對和其主題有關的理論、初探性研究和以往的研究回顧有了相當的概念，接著下一步則是過錄表（coding sheet）的製作。過錄表是用來蒐集從初探性研究報告所得之資訊，如果包括在研究回顧中的研究數目很少的話，對回顧者而言，在文獻搜尋之前，對要從這些報告中取用什麼資訊，並不一定需要有很完整成形的概念。如果只有大約十幾個相關的論著存在，回顧者可以取得其全部內容，並且一讀再讀，直到他或她已經蒐集到所需要的資料為止，這種小量的研究允許回顧者在他或她已經閱讀了幾篇研究報告之後，再回溯先前詳細搜尋的資料，以便再思考其所研究的概念。但是，如果研究回顧者期望會找到很多相關的研究，對研究報告如此詳細閱讀，或許會是非常花時間的。在這種情形之下，研究回顧者在正式的搜尋開始之前，就必須仔細地考慮要從每一個研究中獲取什麼樣的資料，相對於針對少量的研究報告所做的方式，在面對這種研究大量存在的時候，回顧者要調整其過錄表，以使其對每一個研究報告有相當的標準與徹底之檢視，而且能在一次的閱讀後便能完成其過錄，與在初探性研究中要建立過錄架構與資料矩陣所用類似的方法，來建構過錄表之規則（Selltiz et al., 1976）。

　　在建構回顧的過錄表時的第一個規則是，即使可能被認為和研究回顧只有很細微相關的任何可能資訊都應該記

錄下來，一旦文獻搜尋開始之後，要再重新從已經過錄過的研究中取得新的資訊是非常困難的，而將一些可能不會用到的資訊先包括進來後，將來產生的問題會較少。

要包括在過錄表中的資訊：有一些關於初探性研究的特定資訊，是每一位研究回顧者需要包括在其研究回顧的過錄表中。

首先，回顧者會想要獲取有關研究報告本身背景特質的資訊：報告的作者、報告的來源、報告是什麼時候發表的、以及是從什麼樣的資訊管道發現報告的。

回顧者也會想要取得有關初探性研究之研究設計的資訊，特定的研究設計特點隨著主題的不同而會有變動，在Cook 和 Campbell（1979）的書中可以找到對研究設計的完整討論與解釋。但是，大多數的研究設計可以由五個類別所涵蓋：單一團體的前測與後測、相關性、不相等的控制組（也就是，治療那些在研究開始之前即已存在的團體）、配對或以統計控制的不相等控制組（也就是，用某些步驟來加強原始團體的等同性）、以及對治療的隨機分配。在某些情況下，這樣的分類已經很夠了，但是在其他一些情況中，會需要加入不同的設計（例如時間序）或將前面所描述的設計做更好的區分（例如區分不同的配對或統計控制的步驟）。

其他研究設計的特性也可能是相關的，包括是否有用重覆測量和平衡的處理，以及對實驗誤差控制之有無。

除了基本的研究設計議題外，研究回顧者還會需要仔細描述自變項的操縱或測量，處理的本質是什麼？其在不

同研究的強度和持續性上有不同嗎？有做操縱的查驗嗎？以及如果有的話，它們透露什麼訊息呢？

同樣重要的是如何處理控制或比較組，會有其他替代的方式嗎？如果有的話，是什麼呢？如果沒有的話，控制組要做些什麼或是如何獲得這些控制組呢？在不同的研究之間這些變項的差異將會是研究結果差異性的主要導因。

對包括人格或其他多重問項量表的研究而言，研究回顧者會想要取得有關測驗的名稱、它們是否被標準化了、它們所包括問項的數目、以及測驗的信度，如果能獲得此資訊的話。在實驗研究中所使用依變項的相同資訊，也一樣需要仔細加以分類，當實驗的依變項通常是單一問題或單獨行為的答案時，在不同的研究間它們也能在幾個重要的地方有所差異——例如，其反應性、敏感度或在其測量前延續的時間。

大部分的研究回顧所需要的另一個方面的資訊。包括了在初探性研究中參與者的特質，在每一個研究條件下都要獲得參與者的數目是很重要的。回顧者也會想要取得有關參與者的位置和年齡，以及對參與者母體的任何限制之資訊。

研究回顧的過錄表應該也要包括研究結果的資訊，最先也是最重要的，過錄表需要確認比較結果的方向，假設是受到支持還是被駁斥呢？與假設檢定有關的顯著水準是什麼呢？

如果研究結果是擬用量化綜合（quantitative synthesis），那回顧者也需要將研究統計結果的資料記錄的

更詳細，因為不同的論文對其結果的報告不盡相同，而且可能有幾種不同的形式，所以可能要列出研究的統計結果，以在使用量化綜合時有多需要它們的方式，從最需要到最不需要的，將會如以下所列：

1. 平均數、標準差、和在比較或假設檢定時每一個組的樣本大小；
2. 處理的影響或變項之間關聯的估計（例如，相關係數）；
3. 推論檢定統計的正確值和相關的自由度；和
4. 大約的 p 水準和樣本大小。

　　不管研究回顧者選擇要比較的是什麼，平均數和標準差讓他或她可以精確地計算任何效應的大小，由初探性研究者所計算的效應大小會包括未知的誤差，也可能不會出現在回顧者所選的矩陣中，而這可能是一個很好的資訊來源。推論檢定統計的值和自由度讓研究回顧者可以估計效應的大小，而樣本大小和 p 水準可以估計推論檢定值，推論檢定值和 p 水準有時候也能用於包含多重因素的分析中（例如，有一個以上自變項的變異數分析），而除非在不同的研究中這些因素都相同，否則它們會減少估計的精確性，有關從研究報告中選取統計資訊的很多議題都將會在以後的幾章中再討論到。

　　最後，每一個研究報告也會包含一些重要的設計特質或結果，而回顧者會想要在其過錄表上註明一些雜項。在很多情況中，過錄表將會被標準化以調整有關用來比較主

效應的資訊，但是研究報告會包括有關主效應和其他變項之間互動的證據。因此，過錄表應該包括一些空間，以註明用在設計或分析的變項數目，和任何包括了關係的互動檢定的結果。

低推論和高推論的過錄：以上所列的類別也許可以都認定為「低推論」（low-inference）過錄，也就是說那只要求過錄者在研究報告中找出所需的資訊，並且加以轉錄到過錄表上。在其他的情況下，過錄者可能會被要求做有關研究的一些推論判斷，這些判斷通常包括了過錄者試著推論受試者如何解釋實驗的操作。

由 Carlson 和 Miller（1987）所做的研究回顧提供了一個很好的例子，這些作者綜合整理了為什麼負面的氣氛好像會增加人們助人行為傾向的文獻，為了檢定對這些研究的不同解釋，他們必須估計不同的研究步驟會令受試者感到悲傷、罪惡感、生氣或挫折感的程度。於是，他們要求過錄者閱讀相關論文中方法部分的摘要，然後過錄者用一個 1 到 9 的量表來評定，例如，「受試者特別感覺頹喪、悲傷或憂鬱的程度做為負面情緒的歸納」（p.96）。

這些「高推論」（high-inference）的過錄為研究回顧者創造了一組特別的問題，第一，必須注意高推論過錄者判斷的信度。同時，在這些情況下，要求過錄者扮演研究受試者的角色，而角色扮演方法的效度是很多爭議的來源（Greenberg & Folger, 1988）。但是，高推論過錄可能為研究回顧者增加了解釋文獻和解決爭議的能力，如果回顧者覺得他們可以有效地從論文中取得高推論的過錄，並且有

說服力地解釋他們這樣做的原理，那麼很值得試試這種技術。

修訂和預試過錄表：當一個研究領域很大而且很複雜的時候，過錄表的建構可能是一項很困難的任務，在設定類別的過程中，回顧者做了有關在其領域中什麼是重要議題的重大決定。一般回顧者發現他們所有關於某一個主題和此主題之研究的概念只有很模糊的印象，而過錄表則迫使他們在其想法上要更精確。

過錄表的初稿絕不會是最後的版本，研究回顧需要請有經驗的同事看過其初稿並提出意見，然後用這過錄表記錄幾個隨機選出的研究，於是他們能增加類別和更精確地定義類別。最後，他們應該讓不同的過錄者試驗地檢定此過錄表，以找出任何仍然模糊不清的地方。這個過程不應該被認為是麻煩的，而是在問題陳述中實質的部分，過錄表的發展對研究回顧能成功的重要性，應該和調查研究中的問卷建構與自然主義行為研究中的觀察計畫是一樣的。

最後，一般的過錄表從不會掌握所有研究的獨特論點，完成的過錄表通常會包含很多空白的部分和很多在側邊上的註解，完美是永遠達不到的理想，研究回顧者可以視這些部分的存在為失敗（但事實上不是），或是視其為強調在此主題領域中研究分歧的機會之目標。

研究回顧的例證：圖 2.1 所顯示的是研究回顧者用在家庭作業效應的過錄表，在大部分類別後的原理是不證自明的，但是關於獲得什麼樣資訊決定要的解釋，可以證明是有用的。

在研究設計的部分，沒有包含任何有關相關性研究的類別，即使在前面已經建議過使用這樣的類別，這是因為用相關性設計的研究，常常是檢驗學生自己報告花在家庭作業上的時間總數，而將之當作一連續變數，而這些研究要用完全不同的過錄表，它們引發了一組獨特的議題，包括了如何從較大的母體中抽選出學生樣本，以及是否由老師、學生、還是父母報告學生花在家庭作業的時間有多少。在圖 2.1 中還有幾個與家庭作業所花的時間之研究無關的類別，例如研究設計的部分和平均數與標準差的部分。

在圖 2.1 中並沒有描述如何處理控制組的部分，這是因為所有用於這些比較的控制組都接受相同處理方式──那就是沒有任何作業。

對不相等控制組和隨機指派設計所要求的過錄表比前面所建議的要更詳細一點，當在使用配對過程的不相等控制組時，會要求過錄者要區分不同的配對方式，根據（a）預測所用的測量和依變項是一樣的，或（b）其他的變項是相關的但和依變項並不一樣。這兩種步驟在產生相等組的能力是不一樣的，因此可以解釋研究結果的差異，在隨機指派個別學生的研究，或是整個班級都指定作業和不指定作業的研究中做一區別也是基於相同的理由。

要特別指明的是，很多在過錄表上所要求的資訊在整個研究回顧中從未真正的加以檢驗過，除了年級以外，對所有有關學生的資訊，事實上也真是如此。在這些例子中，不是太少學生報告其所研究變項之資訊（例如，學生的社會經濟地位），就是發現所找到的研究沒有足夠的變異以

允許有效的推論（例如，比較在公立和私立學校的學生所做的）。

　　每一個過錄表都被設計為包含能做單一比較的資訊，但是，某些研究報告比較了一個以上的年級或一個以上的依變項，當找到此種研究時，則對每一個兩兩團體間的比較，過錄者都要填寫不同的過錄表。例如，一個研究分別報告第五年級和第七年級學生的標準化成就測量和班級成績測量，則此研究會有四個相關聯的過錄表。而有關從相同的研究中如何處理多重比較，會在第 4 章中做更詳細的討論。

在問題陳述時的效度議題

　　雖然如前面所提到過的，在問題陳述階段有幾個決策會影響一個研究回顧的效度，但是其中兩個最重要的是概念的廣度和操作的詳細程度。

作者：＿＿＿＿＿＿＿＿＿＿＿＿＿＿＿＿＿＿＿＿＿＿＿

標題：＿＿＿＿＿＿＿＿＿＿＿＿＿＿＿＿＿＿＿＿＿＿＿

期刊：＿＿＿＿＿＿＿＿＿＿＿＿＿＿＿＿＿＿＿＿＿＿＿

年份：＿＿＿＿＿＿＿＿　　卷：＿＿＿＿＿＿＿＿　　頁數：＿＿＿＿＿＿

參考來源

設計（只勾選一項）：

    一組前測後測＿＿＿＿＿＿＿　　　隨機指派＿＿＿＿＿＿＿

    不等控制組＿＿＿＿＿＿＿＿　　　　學生之＿＿＿＿＿＿＿

     無配對＿＿＿＿＿＿＿＿＿　　　　班級之＿＿＿＿＿＿＿

     在前測配對＿＿＿＿＿＿＿

     統計的控制＿＿＿＿＿＿＿

其他設計特點：

    重複測量　　　　　有＿＿＿　無＿＿＿

    平衡　　　　　　　有＿＿＿　無＿＿＿

    教師為實驗者　　　有＿＿＿　無＿＿＿

樣本大小：

    學校數目＿＿＿＿＿＿

    班級數目＿＿＿＿＿＿

    學生人數＿＿＿＿＿＿

學校變項：

    位置＿＿＿＿＿＿（用州之縮寫）

    經費來源：公立＿＿＿＿　私立＿＿＿＿

學生變項：

    成績：＿＿＿＿

    社經地位：低＿＿＿＿　中＿＿＿＿　高＿＿＿＿

    種族：白人＿＿＿＿　黑人＿＿＿＿　其他＿＿＿＿　隨機樣本或混合＿＿＿＿

    能力程度：低＿＿＿＿　平均＿＿＿＿　高＿＿＿＿

主題要項（勾選所有可能者）：

    數學＿＿＿＿　　　　　　社會研究＿＿＿＿

     計算＿＿＿＿　　　　　科學＿＿＿＿

     問題解決＿＿＿＿　　　其他（說明）＿＿＿＿＿＿＿＿

     概念型式＿＿＿＿

    閱讀＿＿＿＿

    寫作／拼字＿＿＿＿

    語言／字彙＿＿＿＿

圖 2.1　有無家庭作業研究的過錄表

家庭作業：
　　　作業之週數＿＿＿＿
　　　每週指定作業之次數＿＿＿＿
　　　指定作業之平均長度＿＿＿＿
依變項：
　　　標準化測驗（請說明）＿＿＿＿＿＿＿＿＿＿＿＿＿
　　　年級＿＿＿
　　　綜合測驗（由教師所主導）＿＿＿
　　　單一測驗＿＿＿
　　　態度＿＿＿
統計的結果：
　　　有家庭作業＿＿＿　平均數＿＿＿　標準差＿＿＿　樣本數＿＿＿
　　　無家庭作業＿＿＿　平均數＿＿＿　標準差＿＿＿　樣本數＿＿＿
　　　推論檢定之類型　F＿＿＿　t＿＿＿　卡方＿＿＿　其他＿＿＿
　　　檢定值　＿＿＿＿
　　　自由度　＿＿＿＿
　　　p 水準　＿＿＿＿
　　　效應大小＿＿＿＿
其他統計的資訊：
　　　分析中的其他變項（請列出）
　　　＿＿＿＿＿＿＿＿＿＿＿＿＿＿＿＿＿＿＿＿＿＿＿
　　　＿＿＿＿＿＿＿＿＿＿＿＿＿＿＿＿＿＿＿＿＿＿＿
　　　包括家庭作業之顯著的互動
　　　變項＿＿＿　檢定值＿＿＿　自由度＿＿＿
　　　變項＿＿＿　檢定值＿＿＿　自由度＿＿＿
　　　變項＿＿＿　檢定值＿＿＿　自由度＿＿＿
備註和說明：

續圖 2.1　有無家庭作業研究的過錄表

　　首先，回顧者為了要保證，他們的概念是如何與操作
有關的共識，在其研究回顧中，只用了少數操作型定義。
這樣的一致性是一很吸引人的科學目標。但是，大部分的
方法學家同意，概念的多重現實化是需要的，如同前面所

提到的，如果多重操作都產生類似的結果的話，也許可以排除一些與發現相對的解釋。同樣的，較窄的概念化提供了較少有關結論的普遍性或健全性的資訊。因此，一個研究回顧的概念範圍越廣，則其比用較狹隘定義的回顧，要產生更普遍結果的可能性越大。

之所以強調可能性一詞是因為，對和回顧的問題定義階段有關的效度之第二個威脅，如果一個回顧者只是隨便地例舉研究的操作，那回顧的結論可能會掩蓋了對結果的重要區分。如同 Presby（1978）所提的，「在使用很廣泛類別時，研究間的差異會被消除掉，而導致研究結果指出，其差異是可以忽略的錯誤結論」（p.514）。

當然，當每一個研究都被像其檢定完全不同的假設一樣的處理時，會發生對操作的細節最極端的注意，但是，研究回顧者很少會論定因研究中所使用方法之不同，而對文獻無法整合。因此，大部分的回顧包括了一些對效度的威脅，因其忽略了不同研究間方法的差異性，但是在不同的研究回顧中，此種危險發生的程度也不盡相同。

不同的研究回顧都認為，相關的操作型定義缺乏重疊性，並不被視為是對效度的威脅，雖然這真的會對回顧的結論造成變動。不能稱此為「威脅」，是因為如果回顧者對相同建構的操作有不同的意見，那無法說這兩個回顧中的那一個是比較有效的。在操作上沒有任何重疊的研究回顧，除了其定義之外，是無法在任何層次做比較的。另一方面，很明顯的，包含了另一個研究回顧有的所有操作，還加上其他操作的回顧是比較令人期待的回顧——當然如

果操作的細節受到適當的處理的話。事實上，比較的評估將不會像這些例子一般清楚，兩個包含相同概念的回顧也許會有一些相同的操作，而任一個回顧也會包括一些另一個所沒有的操作。

效度的保障：回顧者可以使用以下所描述的指導原則在問題陳述期間，用以保護其結論免於對效度的威脅：

1. 回顧者應該在心中有最廣的可能概念性定義來開始其文獻的搜尋，他們應該以一些重要的操作來開始，但是對在文獻中會發現其他相關操作的可能性，保持完全的開放。當碰到相關有疑問的操作時，回顧者可能會犯的錯誤是包含了太多決策，至少在回顧的早期階段。

2. 為了補充概念的廣度，回顧者應該將其所有的注意力放在研究步驟的區分，如果只在開始分析的階段，即使對與研究方法的區別有關聯的研究結果差異有些微的懷疑，回顧者也應該加以檢測。

練習

找出兩個主張回顧相同或類似假設的整合性的研究回顧。那一個研究回顧用了較廣的概念性的定義？在其他的有關問題的定義面向中，兩個研究回顧有什麼不

同？在每一個回顧中，你發現什麼問題定義的方向是最有幫助的？（如果你無法找到兩個相關的研究回顧，可以用 Bar-Tal & Bar Zohar，1977 和 Findley & Cooper，1983）

- 找出概念性的變項（例如，「固執」或「獨斷」），並且列出你現在所知道與其關聯的操作型定義。到圖書館去並找出幾篇報告，其所描述的研究與你的主題有關，你發現了幾個新的操作型定義呢？評估其有關於它們和概念性變項的一致性。

- 為你對其主題有興趣的研究製作一份過錄表，到圖書館去，並找出幾篇報告，而其所描述的研究與此主題有關，你多需要改變你的過錄表以適合這些研究？你所忽略的是什麼呢？（如果你無法想到任何關係，可以用「固執之性別差異」）

3

資料蒐集階段

　　本章焦點在於找出與回顧主題有關之研究的一些方法，要獲得研究報告之非正式、初級和次級的管道，以及每一個管道會出現的誤差也會在本章中加以描述。使用四種摘錄服務的背景資料也將加以介紹，本章以在資料蒐集時會碰到對效度的威脅，和避免這些威脅的方法之討論做為結束。

　　調查者在資料蒐集階段中，最主要的決策包括，找出將會在調查中做為對象的目標母體（target population）（Williams, 1978），此目標母體包括了，調查者希望其研究中所代表的那些個人、團體或其他的元素。對母體的精確定義，讓研究者可以列出其所有的構成元素，研究者很少被要求提出這名單，但是因為太多社會科學假設的真偽

是依據此元素，所以研究者要呈現出清楚的定義是很重要的。可取得的母體（accessible population）包括調查者實際能夠取得的個人、團體或元素（Bracht & Glass, 1968），在大多數的情況下，研究者無法取得目標母體的全部，因為那樣做的話會很花時間，或是因為母體中的某些部分很難找到。

在科學的調查中母體的區分

　　初探性研究和研究回顧的相似點：初探性研究（primary research）和研究回顧（research review）兩者都包括了，敘述目標母體和可取得的母體，此外，兩種類型的調查都要求研究者考慮，目標和可取得母體彼此之間差異的情形，在可取得母體中的元素無法代表目標母體的程度，以及有關目標母體將做妥協處理的確實聲明。因為比起要取得很難找到的元素來，改變一個調查的目標是要容易多了，初探性研究和研究回顧兩者都會發現一旦調查完成時，它們需要限定或重新敘述其目標母體。
　　初探性研究和研究回顧的相異點：對初探性的社會科學研究而言，最常見的目標母體是「所有人類」。當然，大部分的次領域重新敘述其元素，使其包括的群體較不那麼誇張，例如所有的精神分裂症病患、所有的美國人或所有的學齡兒童，某些主題領域會更明確地描述其目標群體。

在社會科學研究裡，可取得的母體的限制一般比目標母體更多，確實地，在 1946 年 McNemar（1946）稱心理學為「二年經驗者的行為科學」（the science of the behavior of sophomores），而這特性的描述在今日仍然非常正確（e.g., Findley & Cooper, 1981）。大部分的社會科學家都知道，在他們希望其研究能包括，進來之人的多樣性和真正可以取得的人之間有落差，事實上，這問題是非常普遍，以致於大部分的研究期刊，不要求在每一個研究報告中對此困境的重覆注意。

如同在第 1 章所提出的，研究回顧包括了兩個目標。第一，回顧者希望回顧可以涵蓋「先前所有的研究」，回顧者可以經由其對資料來源的選擇，而運用一些控制方法來完成此目標，本章以下的幾節中即在關注這些資源為何，以及如何運用這些資源。第二，回顧者想要讓回顧的結果，能適用於其主題領域中的所有元素。在此點上，回顧者的影響力受到由初探性研究者所抽樣之個人的類型所限制，因此研究回顧包含了一個獨特的抽樣過程，初探性研究者以個人做抽樣，而回顧者則以研究者為對象，此過程和群體抽樣（cluster sampling）很類似（Williams, 1978），而群體是根據人們所參與的研究計畫來劃分的。事實上，回顧者一般不會嘗試從文獻中抽取出有代表性的研究樣本，相對的，他們會試著取得整個研究母體，這個大目標很少達成，但是比起在初探性研究中，這是比較適合用於研究回顧的。

找出研究的方法

　　本節中將會呈現一些找出研究之主要管道的背景，除此之外，也會嘗試以比較其所有相關的工作內容，或整個回顧者會找到資料的母體，來評估在每一種管道中資訊的種類，很不幸地，有關不同管道彼此之間，或和所有相關工作之間的差異為何，並沒有太多的實證資料，所以比較會是理論性的。當然，因為不同管道在其內容的效應，可能隨著主題不同而有所差異此一事實，而使問題複雜了。

非正式的管道

　　研究回顧者能取得資訊的第一個非正式來源，是他們自己的研究，回顧者自己本身已經進行的初探性研究通常會很強烈，而且也許過於影響到他們的想法（Cooper, 1983）。

　　在研究者期望影響研究結果的程度上，個人的研究和所有相關的研究會有不同，個別的研究者也很可能會重覆相同的操作，使得很多操作型定義和主題領域相關，而沒有受到檢驗地施行在任何特別的實驗室中。

　　第二個非正式的來源是「隱藏學院」（invisible college）（Price, 1966），根據 Crane（1969）之說法，隱藏學院會形成是因為「研究類似問題的科學家們通常彼此熟識，而在某些情況下會試著以交換彼此的論文，而讓他們的接觸

變得有組織」（p.335）。經由社會計量的分析，Crane 發現隱藏學院的成員彼此之間並不直接相連，而是透過一小群有高度影響力的成員而產生關聯，從團體溝通的角度來看，隱藏學院的結構很像車輪——較有影響力的研究者在輪子軸心的部分，而較無建設性的研究者則在輪圈的部分，而溝通的線大部分在中心，而比較少在周邊的成員之間進行。

同樣的根據 Crane（1969），隱藏學院也是處理特殊問題的暫時單位，一旦當問題解決了或注意的焦點改變了就會消失。當不同的研究之間所估計的差異非常大的時候，無疑地研究者會花很多的時間，經由隱藏學院以非正式的交換其資訊（Griffith & Mullins, 1972）。

而隱藏學院的結構和傑出、活躍的研究者控制他們所擁有的資訊，則暗示了經由隱藏學院所傳遞的資訊是有偏誤的，相對於在一主題領域中所有可能正在進行的研究，從隱藏學院所獲得的資訊，很可能會比較一致的支持中心研究者的發現，而比較不會支持，根據不同來源所獲得的證據。例如，一個新進的研究者獲得的結果，和隱藏學院網絡的軸心者所提供的資訊，有些衝突，而他很可能發現，將其結果傳送到中心研究者，並不意味著那會經由網絡而廣為流傳，不一致的發現可能會使得研究者離開此網絡。同樣地，因為隱藏學院的參與者，以彼此為參考團體，所以其成員的研究中所使用操作和測量的方法，很可能比在一主題領域中所有研究者所用的同質性更高。

其他的非正式溝通則發生在隱藏學院之外，學生和教

授會彼此分享想法和傳閱彼此所發現的論文。有時候在一領域中，學者間會提出需要其最近研究結果的正式要求，有時一個研究者過去研究的讀者或回顧者，會提出他們認為和其主題相關，但並未被引用的參考資料之建議。

另一個資訊的來源是參加專業的會議，這可以在正式與非正式的管道之間搭起一座橋樑。專業社會的多重性存在於社會科學之間，其中很多會固定舉行年會以發表論文，經由參加這些會議或要求發表論文抽印本，研究者可以發現在其主題領域中，其他人正在做些什麼和最近有什麼已經完成，但是還沒有進入正式溝通範圍的研究。相較於個人研究與隱藏學院，在會議計畫中所發現的研究，是最不會顯示結果或操作的樣本限制。

所有的非正式管道都分享另一個重要的特徵，也就是非正式的溝通比正式的，更可能包含了一些未經仔細檢驗的粗糙研究，因為方法上的誤失，這些研究很可能不會出現在比較公開的系統上。在會議中提出的論文，即使真的接受過評估也是這樣的，因為被選出來發表的論文一般其描述是很簡短的。

只依賴非正式管道來蒐集相關研究的研究回顧者，和決定只以他（她）的朋友為樣本的調查研究者是相似的，雖然有這樣明顯的偏誤，但仍可以很驚訝的發現，非正式管道在研究取得的過程中所扮演的重要角色。

初級管道

　　初級的出版品形成了研究回顧者和正式溝通系統兩者之間的最初連結，經由兩種基本的方法，可能的回顧者可以取得初探性研究。第一種，回顧者經由使用他們的個人藏書（personal library），或是他們所屬機構圖書館所擁有期刊的定期追蹤，而可以知道在一主題領域中有那些已經完成的研究。The National Enquiry into Scientific Communication 報告發現，在人文和一些社會科學的學科中的學者，平均定期流覽大約七種期刊和追蹤另外四或五種期刊（Scholarly Communication, 1979），大部分的學者說，他們一個禮拜會花十到十二小時閱讀學術書籍和期刊，而他們所閱讀的東西大多數是來自於其個人的訂閱。

　　能取得刊物的數目和正在進行的研究的數量，很可能引介了一些很嚴重的偏誤，如果將個人的藏書，當做研究回顧所要找的唯一或主要研究來源的話。如同 Garvey 和 Griffith（1971）所提示的一樣，因為所產生資訊的數量，所以經由個人的閱讀和期刊的訂閱，個別學者會失去跟得上與其專長相關所有資訊的能力。這可能不會是一個很嚴重的問題，如果每一個研究者所讀的期刊，是由所有可獲取的期刊中加以隨機抽樣來的話。但是，研究者大多傾向於在期刊網絡（journal network）中運作，根據 Xhignesse 和 Osgood（1967）研究，這些期刊網絡包括了，少量傾向於引用相同刊物中，也可得到其他研究的期刊，和一小群也傾向互相引用彼此研究的其他對象，Xhignesse 和 Osgood

發現在一特定的期刊中，有大約 30%的引用是出現在同一份期刊中的其他研究，而有大約 37%的引用，是在同一網絡中的其他期刊。

　　既然個人藏書所包括的期刊，很可能是在同一網絡中，要發現一些與此現象有關的偏誤，並不會令人太驚訝。和在比較非正式的隱藏學院一樣，我們可以預期，比起在一主題領域中所有可能取得的研究來，在一特定的期刊網絡中，研究的發現與操作，會有比較大的同質性，但是同樣地，吸引個人藏書和期刊網絡做為資訊的來源，主要在於取得容易，以及回顧者希望其參考團體會讀到其回顧的可靠性。

　　第二個能找到初級出版品的管道稱為溯源方法（ancestry approach），利用此一途徑，研究回顧者可以獲得資訊，經由追蹤他已經取得的相關研究所引用的研究。大部分的回顧者在正式開始文獻搜尋之前，都會知道與其主題相關的幾個研究，而這些研究提供了引用已往相關研究的文獻目錄，因此回顧者可以檢視這些引用，和判斷他們與問題的相關性。被引用論文所列的參考文獻也能加以詳查，經由此反覆的動作，回顧者對文獻的回溯，會持續到不是重要的概念不見了，就是所獲得的研究太久了，而回顧者判斷其結果會太陳舊。

　　搜尋研究的文獻目錄也很可能出現，在回顧者原始期刊網絡中的研究之代表性過高，研究者傾向引用那些經由相同的對象或其他一小群對象而獲取的研究，因此，我們應該可以期待，經由參考文獻追蹤，所發現的參考文獻之

間，比在所有可獲得的研究所呈現的，會有較高的同質性。

　　這兩種經由初級出版品，而找到研究的方法——個人藏書和溯源方法——有另一個共同的偏誤，很明顯地，已出版的研究和在其文獻目錄中所發現的研究，都很可能在所有出版的研究中代表性過高。但是，一個研究是否出版的標準，並不是僅僅根據此研究在科學上的價值，首先，已出版的研究很可能其偏誤在於，統計上顯著的發現，此偏誤的發生基本上，是因為研究者本身的策略和信仰。Greenwald（1975）發現如果研究計畫包括了拒絕虛無假設，那研究者有大約 60%的時候，傾向提出結果以尋求出版，但另一方面，如果這個研究無法拒絕虛無假設，那麼研究者只有 6%的時候，傾向將結果提出以尋求出版。這些傾向很可能是，根據研究者相信不顯著的發現，比結果顯著者較無趣，而且相信期刊編輯比較會拒絕無效的結果。

　　Nunnally（1960）也指出若研究者的發現，和當前普遍流行的說法相衝突，則比較不會提出其結果來出版，而如果研究者的研究，和目前大家所相信的一致的話，則較傾向提出其結果。相同的，期刊評審者看起來，較不喜歡和傳統知識相衝突的研究，而比較喜歡支持傳統知識的研究。Bradley（1981）報導有 76%的大學教授回答了一份郵寄問卷，說他們曾經遇到一些必須和他們研究評審的主觀喜好一致的壓力。

　　依著相同的論點，Lane 和 Dunlap（1978）指出要出版的顯著標準，保證了已出版的研究所報導差異的程度，遠大於在母體中真正的差異。如同對此現象所做的一個實證

檢測所顯示的，Smith（1980）發現十個研究回顧的例子，其中比較已出版的研究和未出版的碩士論文與博士論文，在關係上的平均程度，而在所有的十個例子中，已出版論文中所出現相關的程度，均大於在碩士和博士論文中所出現的關係。

因此，對研究回顧來說，不應該沒有做任何可信賴的調整，便將初級出版品當作唯一的資訊來源，個人藏書的使用，介紹了代表性過高的偏誤範例，此偏誤也會包含在使用溯源或參考追蹤的途徑內。除此之外，這兩種技術都會在已出版的研究中代表性過高，並且因此介紹了與期刊包含只有統計上顯著結果的傾向，以及要和以前的發現一致的壓力有關的偏誤。

次級管道

稱為次級資源的資訊管道應該是任何系統化、廣泛的文獻搜尋中樞，這是因為次級資源很可能包括了，最接近所有已出版而可取得之研究的資訊，而這些資源對一個要進入此系統的研究的限制最少。

文獻目錄是一些和一特定主題領域相關，但無法評定之書和論文的條列，通常主題領域的範圍都非常廣，文獻目錄通常是由單一的科學家，或一特殊領域中個人的團體，而不是正式的機構所保留。例如，卡爾懷特之社會科學資訊資源（Carl White's Sources of Information in the Social Sciences）（1986）列出了一些主題，如自殺、心理分析和

心理學中的實驗美學的文獻目錄。從文獻目錄中可能也可以發現文獻目錄，自然研究諮商研究資訊服務（The Natural Research Council Research Information Service）發表了，在心理學中文獻目錄的文獻目錄，其總共列了超過二千項的出版品。

對一個潛在的回顧者而言，使用由他人所準備好的文獻目錄，可以節省大量的時間，但是，主要的問題是，文獻目錄所包含的範圍，通常比研究回顧者所需的要廣得多了，而且也可能會包含一些前面所討論到的偏誤。大部分的文獻目錄也都很可能需要更新，加入最近的研究，即使有這些預警，使用由其他人所歸納得到的文獻目錄，仍是最被推薦的，因為他們已經花了許多的時間，在獲得這些資訊上，而且包括在這文獻目錄中的偏誤，可以排除那些會威脅研究回顧者個人搜尋的偏誤。

出版自己文件的政府系統，是一個獨立自主的資訊獲取系統，所以可能被一個決定不進入此系統的研究者所完全忽略，政府的文件可以分為幾種不同的類別，其中和我們所討論的目的最有相關的是「專業的研究文件」，大部分的政府文件是由美國政府印刷室（U.S. Government Printing Office）所印行的，而他們也出版月目錄以索引最近的出版。第一次進入政府文件迷宮的新手，很可能會發現美國政府出版品指引（Guide to U.S. Government Publications）是一個最好的起點，此手冊的主要任務不在於文件本身的描述，而是在描述出版政府文件的機構，除了聯邦政府的文件之外，州和地方政府也都有一些出版，

在主要的研究圖書館中應該都可以找得到。

　　最後，對潛在的研究回顧者而言，最能證明資源豐碩的是和社會科學有關的索引和摘要服務，索引和摘要服務的焦點，在於特定的學科或主題領域，並且定義其範圍，成為有清楚數目的原始出版刊物，每一篇出現在原始刊物的論文，都會被推介到這系統中。

　　索引和摘要服務的限制，在於長時間的延宕，在一個研究完成和它出現在此系統之間，大約要三或四年，每一種服務也都有其特定的限制，根據主題或學科，什麼會被允許進入系統。例如，心理學摘要（Psychological Abstracts）只包括了與心理學相關的期刊（雖然鉅細彌遺的計算所有的期刊），而教育研究資訊中心（Educational Research Information Center）索引則完全包括了教育相關的期刊，因此一個對跨學科的主題有興趣的研究者，就必須要取得一種以上的摘要系統。次級出版對關於學科之間的限制是最少的，而為了盡可能的搜尋所有的文獻，很可能需要一種以上的次級資源。

摘要和索引服務

　　前面曾討論過，為什麼單一的摘要服務，很可能無法提供許多主題詳盡的文獻目錄，有兩個原因：（1）摘要服務傾向於將焦點放在特定的學科上，但是研究問題通常是

跨學科的；和（2）一個已出版的報導，一般需要一到兩年的時間才能出現在摘要服務上。詳盡的摘要服務，最後的限制不在於它們的內容，而是在於如何組織它們。即使一個服務可以完全涵蓋與一主題相關的所有期刊，搜尋者也不必然能夠描述他（她）的主題以保證找出每一篇相關的論文，因為搜尋者必須說明，和研究的特殊部分有關聯的關鍵字，才能進入摘要服務系統，如果搜尋者不知道應用在相關論文中特定的索引項目，或是如果索引者省略了搜尋者所用的項目，那搜尋者很可能會漏失一些相關的論文。當對幾個摘要服務的特色加以討論時，這個問題便會變得比較清晰。

　　以下是在社會和行為科學中最常被使用的四種摘要和索引服務之簡要描述，最近幾年，一些幫助社會科學家如何使用圖書館的資料已經出現（e.g., Borchardt & Francis, 1984; Gover, 1983），特別重要的是由美國心理學會（American Psychological Association）所贊助的圖書館之使用：心理學手冊（Library Use: A Handbook for Psychology）（Reed & Baxter, 1983），此書涵蓋了比將在下面所介紹文獻取得所有更多的議題。

　　心理學摘要：在行為科學中最為人所熟悉和最常被使用的摘要服務是心理學摘要，心理學摘要確實涵蓋了世界上每一份主要的期刊，包括心理學和相關的領域。心理學摘要每月定期出版心理學論文的非評論摘要，以及作者與主題索引，每一期中都可以包括超過二千筆來自期刊和書籍的記錄（包至 1980 年發表的博士論文，至 1987 年發表

的外籍文獻）。一般是由論文的作者自己來撰寫摘要，但是索引項目是由心理學摘要的員工來做的。每年都會出版年度索引，包括兩冊主題索引和一冊作者索引，每一冊都有十六個主要的分類，包括普通心理學、心理計量學、發展、社會和實驗心理學、生理與心理失調、以及教育與應用心理學。

這種較廣的分類給搜尋者第一次機會，篩掉潛在不相關的論文，但是，主要的篩選開始於搜尋者使用心理學摘要的心理學用語索引辭典（Thesaurus of Psychological Index Terms），此辭典很像一本字典，它編輯了最近用來定義目前和過去重要心理學用詞的語彙。因此在搜尋者可以進入心理學摘要之前，他（她）需要至少知道一個在要研究的領域裡常用來描述研究的語詞，搜尋者在此辭典中的「關係」段落找到那個詞，「關係」的段落會顯現搜尋者所知道的那個語詞，並且列出其他在相同或相關的領域中較廣或較窄的範圍，因此在相關的領域中，搜尋者可以從一個單一的語詞，擴展到一大群潛在相關的語詞。例如，檢驗人格和人際期望的溝通兩者之間關係的研究回顧例證，可能已經包括了搜尋者進入辭典中的「關係」段落，並且找到一個常用在研究中的人格面向的「控制的場域」（locus of control）一詞，圖 3.1 重新製作了此辭典中有關「內在－外在控制」的記錄。

當手上有一組適當的語詞，接著搜尋者可以進入主題索引年刊，搜尋者尋找由此辭典所建議的詞，在每一個詞的下方，搜尋者會發現每個摘要有一筆單獨的記錄，其他

用來索引這個摘要的語詞也同時出現在上面,接著是一些描述論文內容的短語——例如,受測者的年齡、種族和性別。在本段描述的最後會有一個摘要號碼,這是用來讓搜尋者可以從不同的月刊中,找到完整的摘要,圖 3.1 也包括了主題索引記錄和摘要的例子。

完整的摘要描述於是能被取得,以判斷此論文是否相關,最後,如果證明摘要是所需要的,其所列出的作者、期刊和出版日期,便能用以取得完整的論文報告。

A. Relationship Section Entry for Internal-External Locus of Control in the *Thesaurus of Psychological Terms*

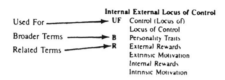

B. Subject Index Entry (partial) for Internal-External Locus of Control (July-Dec 1981)

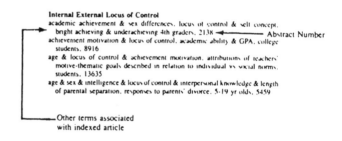

C. Abstract Entry for Abstract Number 2138 (July 1981)

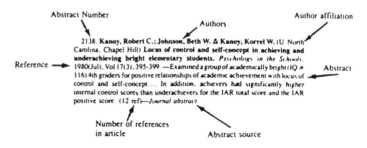

圖 3.1　心理學摘要的例子（資料來源：美國心理學會）

研究文獻之回顧與整合

教育資源資訊中心：教育資源資訊中心（The Educational Resources Information Center, ERIC）同時為教育實務者和研究者，提供了資訊服務的多樣性，教育資源資訊中心系統蒐集、過濾、組織和傳播任何與教育實務或議題有關的文獻，教育資源資訊中心在全國各地維持了十六個資訊交換所，每一個交換所都有其不同的教育關注面（例如，成人教育、閱讀、科學教育）。

教育資源資訊中心系統也有一本相關的字典，稱為教育資源資訊中心敘述辭典（Thesaurus of ERIC Descriptors），如同在心理學摘要中一樣，這是用於索引和進入教育資源資訊中心系統文件，並能協助使用者取得和他們研究有關的文件。除了辭典之外，教育資源資訊中心對其內容出版了兩種指南月刊，第一種是當前教育期刊索引（Current Index to Journals in Education, CIJE），這本索引每月所列出的期刊文獻，涵蓋了超過七百種主要的教育及其相關的出版品。第二種是教育資源（Resources in Education, RIE），這份刊物則摘要了最近完成的研究報告和其他的教育重要文件。這些都可由主題、作者、機構和出版品的類型（例如書、傳統論文）來索引，大部分存在教育資源的文件都能經由此系統而取得，完整的文件一般是以微縮影片的方式收藏，而可在主要的圖書館中找到。

使用教育資源的步驟和心理學摘要的使用步驟是相同的，首先，搜尋者參考和心理學用語索引辭典一樣組織的教育資源資訊中心敘述辭典，也就是說搜尋者提供與其搜尋相關的關鍵詞，然後辭典會幫忙找出可能相關的較廣義

或狹義的名詞。圖 3.2 提供了「控制的場域」一詞之辭典與索引記錄的例子，然後搜尋者參考了教育資源月刊和索引年刊，而找到了出現在與每一索引項有關的相關文件清單，根據在主題索引中這些對論文的簡述，可以發現用以找出摘要或完整論文報告的登錄號碼，而當前教育期刊索引和教育資源所使用的方法是一樣的，但是這兩種指南必須分別使用。

　　持有此登錄號碼的搜尋者便可到任何一種指南的「摘錄」部分，找到和論文有關的題目、作者、出處和摘要。在教育資源中，如果仍然認為論文是可能相關的，那搜尋者可以到微縮影片的收藏處，在這裡持有能被放在微縮影片閱讀機上的投影片，而能將文件放大到原來的大小，在很多圖書館裡有複印此微縮影片文件的服務，因而可獲得原始文件的拷貝。或者搜尋者可以和教育資源資訊中心的文件複製服務處（Document Reproduction Service）接洽以獲得拷貝，而在當前教育期刊索引中，搜尋者可以發現其期刊包含了完整的文件。

A. Alphabetic Descriptor Display Entry for Locus of Control in the *Thesaurus* of ERIC Descriptors

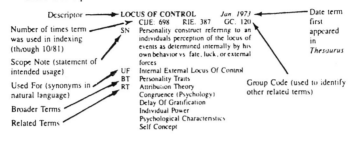

B. Subject Index Entry for Locus of Control in *Resources in Education* (July 1982)

C. Document Resume (partial) for Accession Number ED 213 711 (July 1982)

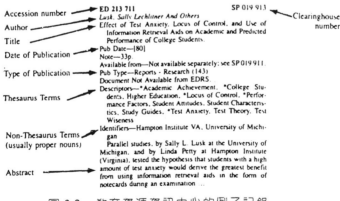

圖 3.2　教育資源資訊中心的例子記錄

（資料來源：教育資源資訊中心）

國際學位論文摘要：雖然很多摘要服務也包含了學位論文的摘要，國際學位論文摘要（Dissertation Abstracts International, DAI）則完全針對此類型的文件，但是國際學位論文摘要廣泛地包含了所有的學位論文，不管是什麼學科都將之納入摘要中，因此搜尋者的第一個任務是，確認其要找的學科或副學科。

　　在國際學位論文摘要中的東西，是根據作者和論文題目中的重要關鍵字來索引的，不像其他的索引服務，國際學位論文摘要並沒有任何負責索引者，去讀每一篇學位論文，再給論文擬一描述的語詞，而是只有出現在論文題目中的重要字，會歸類在國際學位論文摘要的主題索引中。國際學位論文摘要也只包括和學位論文有關的摘要，大部分的大學圖書館，只收藏本校的學生學位論文的微縮影片，因此，當由摘要中發現此論文是相關的時候，搜尋者通常必須和完成論文的學校接洽，經由館際合作而取得完整的拷貝，然而搜尋者也能從位在密西根州的國際大學論文微縮影片中心（University Microfilms International）購得論文的拷貝。

　　學位論文的取得不僅是很花時間，而且也是很花錢的，如果無法經由館際合作取得論文，研究回顧者可以考慮寫信給學位論文的作者，要求借用其論文或取得根據其學位論文所作的論文的拷貝。相對地，學位論文的摘要一般比心理學摘要或教育資源資訊中心所出版的摘要更為詳細，因此，有時候搜尋者從摘要本身就可蒐集到在研究回顧中所需的資訊，圖 3.3 呈現國際學位論文摘要的一些特點。

A. Keyword Title Index Entry for "Locus" (partial) *(Humanities and Social Sciences*, November 1981)

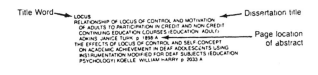

B. Dissertation Abstract (partial) from p. 2033-A *(Humanities and Social Sciences*, November 1981)

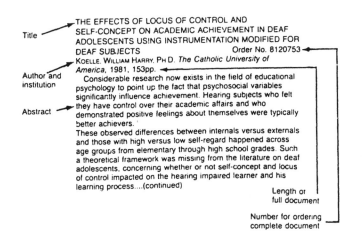

圖 3.3　國際學會論文摘要的例子

（資料來源：國際學會論文摘要）

社會科學引用索引：社會科學引用索引（The Social Sciences Citation Index, SSCI）是一很獨特的索引，因為它是根據被論文所引用的文章，以及主題來分類其文件的，根據社會科學引用索引出版者的說法，「期刊文獻的引用索引會確認所有同樣都引用某篇已出版品之新出版論文，並將其群集一起，而事實上，這先前已出版的論文，便成為處理相同主題的新論文之索引項」（Institute for Scientific Information, 1980, p.3）。用一個例子可以更清楚的說明這種方式，在開始搜尋有關控制的場域之研究時，搜尋者必須知道控制場域的幾種標準測量，其中一種測量稱為智力成就能力（Intellectual Achievement Responsibility, IAR）量表，是由 Virginia C. Crandall 所發展出來的（Crandall, Katkovsky & Crandall, 1965）。根據此一知識，搜尋者便能進入社會科學引用索引的「引用索引」（Citation Index）一冊中去尋找「Crandall, V. C.」，在此他或她會發現以「V. C. Crandall」為第一作者，而已被其他論文在某一期間內所引用的所有論文會被一一列出，每一個引用 Crandall 研究的論文會列出其作者、出處和出版日期，那些引用 Crandall 等作者在 1965 年所出版的論文者，則已將智力成就能力量表和人際期望測量相關聯起來。在此基礎上，社會科學引用索引的資料索引可做為過濾論文的一個起始點，此索引以英文排列出了有引用的出版論文，並且包含了論文的完整名稱和參考文獻和論文引用的摘要，在使用了資料索引之後，搜尋者能直接找到完整的研究報告，圖 3.4 便是一個引用索引記錄的例子。

A. Citation Index Entry (partial) under Crandall, VC (1981, Annual)

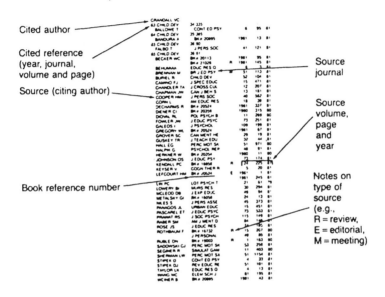

Cited author

Cited reference (year, journal, volume and page)

Source (citing author)

Book reference number

Source journal

Source volume, page and year

Notes on type of source (e.g., R = review, E = editorial, M = meeting)

B. Permuterm Index Entry for Locus-of Control (1981, Annual)

Primary term

Co-terms

First author of article

圖 3.4　社會科學引用索引的例子

（資料來源：社會科學引用索引）

當特殊的研究者或研究論文與某一問題領域有密切相關時，引用索引是最有用的，搜尋者可以取得那些引用一領域的核心研究者之研究，然後以主題的相關與否來過濾這些研究。也許社會科學引用索引最值得注意的事，是其在社會科學中所涵蓋的廣度，社會科學引用索引索引了包括五十種不同社會科學學科中，超過一千五百種的期刊中的每一篇論文，而選擇性地涵蓋了近三千種有或沒有包含社會科學資訊的其他期刊，經由此過程，社會科學引用索引每年編輯了超過十三萬篇新的期刊論文。

　　社會科學引用索引也包含了稱為主題語詞排列索引（Permuterm Subject Index）的主題索引，這是以論文題目中的重要字做為索引，每一個重要字和另一個重要字一起成對地形成一個雙層的索引系統（two-level indexing system）。因此，搜尋者便能取一單獨的詞，在語詞排列索引中找到此詞，然後檢視與其成對的詞，這可證明相關於他的研究，社會科學引用索引的這個特質也同時在圖 3.4 中有所說明。

　　空間的限制使得要檢視在社會科學中有的上百種摘要服務是不可能的，在 1986 年底，有超過三千種的摘要服務（Katz, 1987），大部分是經由線上電腦搜尋的服務，這些服務的內容從涵蓋廣泛的學科，如教育資源資訊中心系統，到高度專業化的主題領域（如酗酒與藥物濫用、婚姻與家庭、異常兒童等）之間有很大的不同，摘要服務的資訊可以從你所在的圖書館或從線上資料庫目錄（Directory of Online Databases）中獲得。

電腦搜尋：社會科學索引和摘要服務讓搜尋者可以從各種不同的來源找到數以千計的文件，但是這些系統的完備性，加上社會科學研究的知識爆炸，並沒有解決資訊超載的問題，也許當讀者需要進行四種摘要服務中任一種的完整搜尋時，如果主題很廣的話，你很可能已經觸礁了。不考慮時間和金錢的話，一個完整的摘要搜尋，並不是單一個搜尋者之能力可及的，甚至一個搜尋小組都無法做到。

很幸運地，電腦革命與科學的溝通系統已經開始了，也已經大大地降低了一個徹底的文獻搜尋，所需花費的工夫，相對於花很多的時間在人工的搜尋摘要系統上，搜尋者能利用電腦，以在一或二個小時內找到好幾種摘要服務，所有主要的研究圖書館都有線上電腦搜尋的服務，私人使用者也可以經由電子通訊網絡，例如 CompuServe，而獲得此項服務。這樣便可找到數以千計，已經放置於電腦磁帶中的摘要服務，也可經由與中央電腦儲存機構的電話連線，而獲得此磁帶。例如，從 1972 年起已經開始使用 DIALOG / Information Retrieval Service，DIALOG 系統儲存了超過二百種的摘要服務，和包含了數百萬筆的記錄，電腦光碟片（compact disc，即俗稱之 CD）也用於此種資料儲存上，大學能訂閱購買這些定期更新的磁片。例如，Silver Platter Information 公司將心理學摘要（其電腦的形式稱爲心理學資訊，PsychINFO）和教育資源資訊中心索引都放在電腦光碟中。

搜尋者不需要知道如何操作電腦，才能使用電腦搜尋服務，雖然很多大學爲熟悉電腦者做了連線服務，研究圖

書館雇用了受過專業訓練者，為搜尋者進行搜尋，一旦他們有需要的話。一般，搜尋者會告訴圖書館員想要研究的主題，而最重要的是有什麼名詞、同義詞、相關的名詞是包含在搜尋中。圖書館員和搜尋者能流覽辭典，以確定一些搜尋者也許在開始時沒有考慮到的詞，通常圖書館員也會要求搜尋者提出一些他們所希望獲得的文件範例，以給予圖書館員一些搜尋者所要文件的具體概念。

以上所描述四種摘要服務中，每一種在經由電腦以取得的技術上有一點點不太一樣，例如，心理學資訊可以用幾種不同的電腦技術來取得，第一種，可用辭典來找出「描述者範圍」，也就是說如前所述的，每一種包括在心理學資訊的文件已經由索引者讀過，而且給予一連串名詞（來自於辭典中）用以描述文件的內容，於是可以要求電腦找出那些相關的名詞，再取得所需的文件。

第二種技術是用「自然語言」（natural language）或「自由內文」（free text）來找到出現在論文題目或摘要的詞，自然語言的使用可以讓圖書館員與搜尋者，免於依賴辭典和索引者對文件相關與否的判斷，這種技術在搜尋者對尚未出現在辭典中的新名詞感興趣的話，是特別有用的。

第三種方法是用「確認者範圍」（identifier field），此確認者範圍包括出現在文件中適當的名詞。例如，對檢視與霍桑效應（Hawthorne effect）有關的文獻，感興趣的搜尋者無法在辭典中找到「霍桑效應」一詞，但是因為這是一適當的名詞，所以確認者範圍便可用來搜尋所有有提到霍桑效應的文件。當搜尋者想要找到包含一特殊測驗的

研究（例如，WISC 或 Strong Vocational Inventory）時，確認者範圍也是很有用的。

更令人印象深刻的是，電腦能用根據說明一組描述或名詞之間的關係的 Boolean 代數來取得摘要，舉例說明，一個搜尋者可以要求電腦找出所有有「家庭作業」伴隨著「成就」或「成績」或「態度」等詞出現的摘要。

最後，心理學資訊能以作者的名字、期刊或機構而經由電腦來搜尋，例如，如果搜尋者對獲得所有在社會行為研究中心（Center for Research in Social Behavior）所進行的研究感興趣的話，此機構的名稱可以被用來找到相關的文件。

在電腦磁帶上有的心理學資訊是從 1967 年到現在，在某些時候，搜尋者也許想要更早期的文件，而這些就必須以人工找尋了。但是很有趣的是，電腦化摘要比放在圖書館架上的書冊更新得更快，因為摘要和索引論文的過程目前是直接在電腦磁帶上進行的，再將之印成書冊的。

電腦化的教育資源資訊中心系統和心理學資訊很類似，不過它當然有自己的辭典，教育資源資訊中心的描述或索引項也分為主要和次要類別，因此搜尋者只有取得那些主焦點在重要語詞的研究文件，或包括只有一點點相關的文件，這兩者之間的選擇權。其他另外三種進入系統的方法——自由內文、確認者以及作者、期刊或機構名稱的使用——對教育資源資訊中心也是有效的，而教育資源資訊中心的電腦化資料檔可回溯至 1966 年。

以電腦取得國際學位論文摘要的方法則簡易多了，只

有用自由內文方式，以出現在學位論文題目的名詞才能找到所要的文件，但是這要求電腦只尋找較廣義的主題區域，可能會限制了某些的搜尋。例如，如果搜尋者對心理學研究中的霍桑效應感興趣，那能將「霍桑效應」做為關鍵詞，而要求電腦只取得出現在心理學主題類別的研究，經由論文作者或授與學位的機構也能夠搜尋國際學位論文摘要。

學位論文摘要（從 DAI，American Doctoral Dissertations 和 Comprehensive Dissertation Index）的電腦化已可回溯到 1861 年。

只有經由對論文題目名詞的自由內文使用，社會科學引用索引的主題搜尋才能完成，主題搜尋的說明包括了陳述特殊類型的文件，例如期刊論文或書評。為了使用 SSCI 中的引用索引部分，搜尋者必須提出過去所引用的參考書目。使用引用索引有一個問題是，期刊論文所包含的文獻目錄資料有很多的錯誤（Boyce & Banning, 1979），很明顯地，作者和編輯者並沒有花太多的時間在參考書目的校對上，所以搜尋者通常必須取得被引用作者的一般資訊，然後過濾那些不正確的引用。當然，這個問題對社會科學引用索引的人工搜尋者而言和電腦化搜尋者是一樣的，社會科學引用索引的電腦化已回溯到 1972 年。

要做電腦搜尋的花費並不是太貴的，事實上，在大學校園中的研究圖書館中，大約 90%的搜尋需要花 10 美元到 30 美元之間，而教育資源資訊中心搜尋花費最少，社會科學引用索引是最貴的。

在見過圖書館員和與電腦打過交道之後，搜尋者可以

要求一份印出的文獻目錄，包括每一篇可能相關論文的作者、參考書目、題目和摘要。這些文獻目錄是由電腦服務郵寄來的，而且通常在搜尋後的一周內會寄到，文獻目錄也可以直接從線上列印，但是比較貴。

電腦搜尋對研究回顧者的價值是難以形容的，回顧者可以利用電腦，以用異常快的速度獲得可能相關文件的詳細清單，因為節省大量的時間和搜尋結果複本取得的便利性，用電腦來搜尋比用人工來開始要能做得更廣泛多了。

但電腦搜尋也不是沒有問題產生，特別是當使用電腦時，在搜尋開始之前必須完全將關鍵字陳述清楚，而這會消除更進一步追蹤在搜尋期間，所發現的任何可能方向（Menzel, 1966; Stoan, 1982），如果電腦化搜尋預先排除了人工搜尋的話，會產生錯失意外發現的問題。但是，搜尋者仍然能自由瀏覽，而且在電腦搜尋開始之前，預覽是被建議的。在預覽之時，搜尋者能擴大其用於電腦搜尋的關鍵字的範圍，並能確認應該出現在電腦列印報表上的相關論文，然後，如果那些論文並沒有出現的話，那他或她就會知道有些地方出了差錯。如果需要更詳細有關線上搜尋和服務的討論，請看 W. A. Katz 的參考文獻作業簡介《Introduction to Reference Work》（Vol.2）一書（1987）。

最後，有證據證明電腦搜尋有一些有用的副產品，在一個實驗研究中，Feinberg（1981）將學生分為兩組做期末報告，其中一組為「標準化文獻目錄技巧」組，而另一組為「電腦搜尋」組，結果他發現在電腦搜尋組的學生，比用標準化文獻目錄步驟的學生所獲得的成績較高，相信圖

書館是較適用於文獻回顧和從指定的作業中獲得較高的滿意度。

決定文獻搜尋的適當性

有關要用多少資訊來源，和那一種資訊來源的問題並沒有確實的答案，適當的資源是考慮部分主題和部分回顧者的來源的函數，但是在規則上，我建議搜尋者應該常常運用多重管道，使得區分包括和未包括研究未認定偏誤的機會變小，如果搜尋者經由不同的管道，找到不同的研究，那整個研究回顧的結論，應該可以被其他用不同初探性研究來源的回顧者所複製，此一規則讓科學的可複製標準具體化了。

非正式資源的再探：在本章的前面部分，曾經提到包含在非正式管道的資訊，不太可能反映所有從可能來源蒐集到的資訊，但是，此種研究也能補足正式管道所獲得的資訊，因為非正式管道所得的訊息會比較新，因此，搜尋者不應該排除此種方式，但是應該要小心地檢驗從非正式來源所獲得的資訊，在所有相關文獻中所佔的百分比情形，如果百分比很高的話，在結束搜尋之前，搜尋者應該尋求其他的次級來源。

出版的暨未出版的研究：前面也有提到只關注在已出版的研究上，會產生一組過於強調顯著結果的研究，但是，

有相反的論點認為，已出版的研究是經過最嚴格方法的鑑定，所以很可能有最高的品質。只將焦點放在已出版的研究上，可能是適當的情形有兩種，第一種是當已出版的相關研究有數十種，或數百種的情況下，在這種情形下，很可能當出版的研究高估了某一個相關的程度時，這是可能可以無誤地指出關係的方向，可以小心詮釋所建議之關係的程度，也有足夠的例證其所給之一假設檢定，可使研究特質與研究結果共變性，有合理的解釋。

第二種情形，在文獻中多重檢定的很多假設並不是研究的重要焦點所在，例如，很多心理學和教育的研究，在研究設計時將性別當作變項之一，並且報導其性別差異的假設檢定，雖然這些只是初探性研究者的副食。而出版研究的顯著結果之偏誤，便不會擴及這些次級的假設，因此，出現在很多論文中為次級的假設，會比研究者的初級假設所受出版偏誤的影響要小得多了。

但是一般並不建議只將重心放在已出版的研究上，事實上，如同在第 4 章中將會看的，出版並不是保證只有高品質的研究會被包括在研究回顧中，一些有瑕疵的研究通常可以被出版，而一些很好的研究可能從未被提出以尋求出版。

除此之外，回顧者不應該限制其搜尋對象只在已出版的研究，即使他們已決定在其回顧中只包括出版的研究。為了做出什麼要，而什麼不要放在綜合分析中的聰明決定，甚至協助他們決定，在一領域中有什麼重要的議題，回顧者必須對文獻有一完整的了解。

研究策略的實證檢測：研究回顧者真正所使用的搜尋
技術是什麼呢？表 3.1 是對五十七個出版在期刊和書籍中研
究回顧的作者，包括心理學和教育，所做的調查結果(Cooper,
1987)，這些作者指出，他們是否使用十五種不同搜尋策
略的每一種、他們發現每一種策略有用的程度如何、以及
其所產生的重要或顯著的參考程度如何。

　　回顧者回答他們平均用六或七種不同的策略，四種最
常使用策略中的三種和溯源方法有關聯（也就是檢視過去
研究回顧、書籍和期刊論文的參考目錄）；隱藏學院對很
多回顧者來說也是參考的來源，雖然這些證明並不有用也
不重要；61%的研究回顧者使用電腦搜尋，而這產生高價值
的參考目錄；並沒有很多回顧者使用引用索引搜尋，但是，
在那些有用到的回顧者中所產生的參考目錄則獲得了很高
的評價。

表 3.1　不同參考資源的使用、效用和集中性

使用[a]	效用[b]	資考資源	集中性[c]
35	2.6	摘要資料檔的電腦搜尋（例如，教育資源資訊中心，心理學摘要）	3.1
32	4.0	摘要資料檔的人工搜尋	4.5
5	4.5	引用索引的電腦搜尋（例如，社會科學引用索引）	3.7
8	4.0	引用索引	3.1
53	2.7	由其他人所著之回顧論文中的參考文獻	2.6
47	3.9	由其他人所著之書中的參考文獻	3.4
40	3.3	從你所訂閱之期刊中非回顧論文中的參考文獻	3.4
31	4.0	你在圖書館中瀏覽到的非回顧論文中的參考文獻	4.3
44	4.8	從那些特別與你分享資訊的人所獲之訊息	4.3
20	5.4	對你所知在此領域中活躍的學者所提之正式要求（例如，懇請信）	4.5
22	6.1	在研討會中或與學生的非正式會話	5.6
18	5.6	由其他人所蒐集之概括的文獻目錄	5.6
15	6.3	從圖書館開放書架的瀏覽	5.8
5	7.2	向政府機構的概括要求	5.2
9	7.3	來自以往論文的讀者／回顧者之意見	5.5

資料來源：Copper（1987）

a. 使用：是報導其使用所述之來源以找到參考文獻的回顧者數目（從五十七個人中挑選）

b. 效用：是關於所產生參考文獻的數目的資源之平均等級（只有那些用到所述來源的作者）

c. 集中性：是關於參考文獻之「顯著性」或「集中性」的資源之平均等級（只有那用到所述來源的作者）

　　研究回顧的例證：為了蒐集家庭作業的文獻，使用了幾種不同的搜尋策略，第一種，利用四種電腦化搜尋服務：教育資源資訊中心、心理學資訊、美國政府印刷室目錄月

刊和國家技術資訊服務（National Technical Information Service），在所有的服務中，都同時用自然語言或自由內文以獲取文件是「家庭作業」或「家庭」附近的字「作業」，如果這些字出現在論文摘要的任何部分，此文件便是需要的。ERIC 包括三百四十六篇家庭作業的引用文，而心理學資訊則包括了二百四十九篇，政府的服務找到了另外四十八篇的引用文，很明顯地，這些所有尋獲的並不都是研究報告。

　　另外的策略也用來獲取一些因太舊或太新，而沒有包括在線上搜尋服務的家庭作業研究，為了找出那些比較舊的研究（和一些因為並沒有在摘要中提到家庭作業，而被電腦漏失的研究），檢查了過去研究回顧和相關初探性研究報告的參考目錄清冊。為了找到比較新的研究，寄信給十三位對最近的家庭作業文獻有所貢獻的研究者；二十五封要求資訊的信，也分別寄給被評定為有最高教育研究產量的教育學院院長，要求這些院長引起其院教授對家庭作業回顧計畫的注意力，並寄回相關的文件；最後，由美國教育研究協會（American Educational Research Association）所舉辦會議中發表的有包含家庭作業的文章和出版論文集也加以檢視。

　　以上所用的策略沒有一種可以幫忙找到「逃漏的文獻」（fugitive literature），這種文獻從未成為傳統的科學溝通管道的一部分。關於家庭作業的主題，有很大部分的逃漏的文獻存在，因此，要求資訊的信也寄到五十三個列在國家州政府機構目錄（National Directory of State Agencies）

上，處理教育事務的州政府機構。最後，要求信寄給一百一十位選定的北美學區的研究和評估指導者。

　　回顧哪些研究設計會如何影響問卷受訪率的文獻搜尋是非常不同的，使用心理學摘要、社會科學引用索引、BRS／Inform 和管理內容（Management Contents）四種做為電腦搜尋的一部分，而以「受訪率」、「動機」（inducement）、「誘因」（incentive）、「調查」（survey）和「問卷」（questionnaire）做為搜尋的關鍵字。這種搜尋是找出相關研究中，最沒有效率的一種，當然是因為要產生一適當地捕捉到研究假設本質的描述清單是很困難的，電腦找到九十八篇引用文，而其中二十五篇被認為是相關的。但是並不令人意外的，對這二十五篇論文（和過去的研究回顧）中參考書目的追蹤，透露了另外六十八篇相關的研究，因此總共獲得九十三篇相關的論文，其中包括四百九十七個與不同技術相關聯的受訪率。而文獻搜尋也被限制在 1965 年以後所進行的研究，限制研究進行的時間，是因為 1965 年以前的研究可能無法正確地反映當前母體的受訪行為。

　　對檢測人際期望的人格調節者效應對照片評量的研究之搜尋，顯示了十七篇包含了至少一個相關比較的研究報告，而過動兒的藥物治療的搜尋則發現了六十一篇相關的研究。

研究取得的效度議題

在本章開始的時候曾經提過,文獻搜尋有兩個不同的對象——以前的研究和與主題領域有關的個人或元素,因此,研究回顧者有必要說明,有關於每一個對象所取得研究的適當性。回顧者必須問:(1)所獲取的研究和所有的研究會有什麼不同;和(2)在獲取的研究中,所包含的元素和所有的其他元素會有什麼不同。本章大部分都在處理如何回答第一個問題,並不是每一個研究都有相同的機會被回顧者所找到,包含在回顧者的搜尋管道中的研究,很可能與從未出版過,或存在於其他管道的研究有很大的不同,因此,回顧者必須特別小心,注意那些無法找到的研究,注意這些研究和所獲得的研究之間會有什麼樣的差異。

研究回顧者的第二個對象,是有關個人或其他分析的基本單位,有一些理由讓我們相信,研究回顧會比個別的初探性研究所花在主題領域的努力,更直接與一區域的母體相關,所有的文獻能包含在不同的時間、對成人或兒童、在不同的地方、有不同的種族和族群背景(如同用不同的方法,做不同條件的檢測)所進行的研究。對特定的問題領域,會有許多重覆的研究,對回顧者可取得的母體,可能和初探性研究的目標主體大約類似,當放棄初探性研究中的母體限制,是可以了解時,我們不需要如此服從於研究回顧的參考母體,當然我們必須常記在心的是,與需無發現或相反發現相對立的偏誤,就如同回顧的抽樣研究一

樣，會影響可能的樣本，而與特定的次母體有關之可取得研究越多，則修正的偏誤將會限制個別可取得之母體。

第一個會威脅到有關資料蒐集方面的效度是，在回顧時所獲取的研究，可能不會包括所有和主題領域相關的研究，研究回顧者應該在花費和時間的限制範圍內，盡可能的取得越多的資訊管道，以確保沒有明顯、可避免的偏誤存在。

第二個發生在研究尋找期間，所產生對效度的威脅是，所獲取的研究包含的個人或元素，可能並不代表目標母體中所有的個人和元素，當然，初探性研究者所選擇的單位，並不是研究回顧者所能控制的，但是回顧者有義務小心地描述漏失的母體，以及根據漏失的或代表性過高的樣本，必須限定其所下的結論。

效度的保障

1. 對抗因不適當的資料蒐集，而導致對效度的威脅最嚴密的保護是，來自於對文獻廣泛和徹底的搜尋，當消除法（law of diminishing）真的應用在這裡時，完整的文獻搜尋必須包括至少一種主要摘要服務、非正式溝通和過去研究或回顧的文獻目錄。搜尋的越詳盡，回顧者會越有信心得到，和另一位用很多但可能不一樣資源的回顧者很類似的結論。

2. 在他們的手稿中，研究回顧者應該很清楚，有關研究是如何被蒐集到的，包括資訊的來源、年份和涵蓋在

搜尋中的關鍵字，沒有這些資訊的話，研究回顧的讀者會無法將一特定研究回顧結論的效度和其他回顧的結論做比較。

3. 回顧者應該將其所有會得到的可能偏誤呈現出來，例如，Rosenthal 和 Rubin（1982）將出版的研究和學位論文作一區分以決定，是否來自於這兩種來源的證據會有所不同。Cooper、Burger 和 Good（1981）只回顧已出版的研究，但是他們推測在他們的結論中，不會有太多的出版偏誤，因為研究報告的題目很少提到要檢定的假設（也就是自我控制的性別差異）。

4. 研究回顧應該摘要那些用在不同研究的個體之樣本特性，因為在社會科學中，大部分對樣本代表性的討論一般都很模糊，很多回顧者將會發現，這樣做會在他們的研究回顧中得到意想不到的優點，而減少其缺點。

練習

- 計算從 1965 年到目前在心理學摘要的年度索引中，在「認知不協調」（cognitive dissonance）和「學習無助」（learned helplessness）兩詞之下的摘要索引的數目。這告訴你在這兩個領域中什麼有關的研究？又告訴了你在這兩個主題中心，什麼有關心理學摘要的完整性？
- 說明會引導一文獻搜尋的關鍵字，以定義一個主題的

研究文獻之回顧與整合

領域，選定幾年再做人工的摘要服務搜尋，以找出相關的論文，進行一相同的搜尋，但是這次用電腦來進行，這兩種方法的結果有什麼不同呢？那一種搜尋比較有用和有效率呢？

- 對你所選定的一個主題，決定你要用什麼管道來搜尋文獻，和你能取得的其他管道，在每一個搜尋的步驟，描述其優點、限制和效率。

4

資料評估階段

　　本章詳述判斷方法適當性的三個方式，同時也
討論了在從研究中取得資料時會遇到的問題，和用
來確定當報告多重檢定或多重研究時，獨立假設檢
定的步驟。本章以有關於資料評估階段效度議題的
討論做為結束。

　　科學的資料評估階段包括：判斷是否應該將個別資料
點包括在調查中，不管資料點是個人的分數或是研究的結
果，這個動作都應該要做。資料評估需要建立評斷資料是
如何產生的，其步驟之適當性的標準，調查者必須檢驗每
一資料點，其所有可能的影響，而這也許使其與所考慮的
問題無關。然後，他們必須決定這些影響是否大到需要將
此資料點從調查中取出。

在科學調查中的評估決策

　　初探性研究和研究回顧的相似點：初探性研究和研究回顧兩者都檢查其資料檔中錯誤的值、過錄的誤失或其他不可靠的測量，在初探性研究中，會將個別的資料點和樣本分配作比較，以發現是否有極端的值，使資料效度受到影響（這也就是統計上的極端值，請看 Barnett & Lewis, 1978），在研究回顧中對統計極端值的搜尋，包括了關係程度的檢查，以決定在任何研究中，關係的強度是否會和在其他研究中有所不同，以至於無法認定其為可信的。在兩種研究中，過錄時的誤失，可經由結果的重新計算或錯誤值的檢驗而指證出來，初探性研究者可以觀察特定個人，在特殊變項的分數是否有不在量表上的值。而研究回顧者可以重新計算出，現在研究中的統計檢定值，然後發現初探性研究者的計算是否有錯誤。

　　初探性研究和研究回顧的相異點：其他用來確認資料不可靠的方法，對這兩種類型的調查是不一樣的，在初探性研究中，個別的回答有時候會被去掉，因為周遭的證據顯示，此個人並沒有聽到適當的說明，或誤解了回答問題的說明（Carlsmith et al., 1976）。如果欺騙或一些其他誤導的形式出現在研究中，個別的資料會被去除掉，因為參與者不相信表面的故事，或會去推論隱藏的假設。

　　在研究回顧中，只有一個可能的標準（除了不一致和偏誤之外）來去除資料：研究方法的效度。回顧者決定是

否每一個研究都是小心仔細地進行，而可以相信其結果，回顧者可以做具體的決策（是否包括此研究），或是一連續的決策（根據它們可信的相對程度，來加重研究的比重），本章較多的部分將會是專注於用來判斷一個研究在方法上品質的標準。

　　大部分的社會科學家同意，方法上的品質應該是決定要如何信任研究結果最重要的標準，但是，事實上回顧者的預設立場，通常對研究是如何被評估的有很大的影響，重要的是要檢視回顧者以往所用的資源和效應。

研究回顧者的預設立場

　　幾乎每一個初探性研究者和研究回顧者在開始其調查時，都有一些有關其結果的概念，在初探性研究時，方法學家已經建構了精密的控制系統，以降低實驗者期望效應的人為加工結論。在研究回顧則沒有這樣的控制系統可用，當研究被評估時，回顧者完全知道他們的偏見和研究的結果。而這導致研究的評估會被其結論所扭曲的可能性，回顧者本身預設立場的影響非常大，所以 Gene Glass （1976）對其過程做了以下的評論：

　　　一般用以整合幾個不一樣發現的研究之方法，
是除了少數研究──那些經常是自己、自己的學生

或是朋友的研究——之外，對所有研究之設計或分析的不足吹毛求疵，然後提出一個或兩個「可接受的」研究做為實質的真理。（p.4）

Mahoney（1977）稱此為「驗證的偏見」（confirmatory bias），而且他做了一項實驗，直接測試了在評估研究時，個人預設立場的影響。他以應用行為分析期刊（Journal of Applied Behavior Analysis）的編輯做為抽樣的對象，要求他們評審一草稿的幾個面向，Mahoney 發現，如果此研究和回顧者對結論的預設立場一致的話，此草稿的方法、討論、和貢獻獲得較好的評論。在相關的研究中，Lord、Ross 和 Lepper（1979）發現讀者對有相同態度之研究的評價，比相反態度之研究的評價要好。更驚人的是，參與 Lord 等人研究的大學生表現出對立的態度，而不管他們都是閱讀相同研究摘要的事實，也就是說，即使所有的參與者都讀一份支持他們原先信仰的研究，和一份反駁他們的研究，在閱讀了這兩個研究之後，發現參與者更支持其原來的立場。

因此，一個回顧者的預設立場，會影響回顧者對研究方法上的品質之判斷，如果研究和回顧者的預設立場不一致的話，回顧者比較可能傾向發現研究的某些部分不相關或方法上的缺失，但是另一方面，和其預設立場一致的研究，則會被包括進來，雖然這些研究的相關性是值得懷疑的或在方法上有瑕疵。

研究品質的判斷

品質判斷的問題，也許比和研究回顧者的預設立場有關的問題更為廣泛，即使對研究是「無趣的」判斷，也不會對研究品質之看法有一致的立場。

評審者對研究品質的看法一致之研究：有一些研究檢驗了，送到心理學相關期刊的論文稿之評判信度，這些研究一般計算決定論文是否應該被接受以出版的讀者之建議的相關程度，論文評審者的判斷在很多方面比研究綜合者要複雜得多了。論文評審者必須考慮幾個研究綜合者並不會感興趣的面向，包括寫作的清晰度和期刊讀者群的興趣，期刊編輯有時候也會慎重地選擇，代表不同觀點的評審，而仍舊希望評審會同意論文的不同立場。當然，如果有完全客觀的標準（而且有用到的話），評審會得到一致的結論。

論文評審對出版決定的一致性之研究，報告其相關程度是從 r=+.54（由 Scarr & Weber 1978 年所提出）到 r=+.19（由 Cicchetti & Eron 1979 年所提出）之間，Marsh 和 Ball（1981）蒐集了對「研究設計和分析之品質」的判定，並且發現相互判定之間的信度是 r=+.27。

在一項有趣的實證說明中，Peters 和 Ceci（1982）重新提出十二篇已經出版的研究論文，到其原先出版的期刊中，送出的論文除了提出者的名字和機構，從「地位較高者」換成「地位較低者」之外，和原先的完全一樣。結果

十二篇中只有三篇被查出是舊作，而完成再評審過程的九篇論文中，有八篇沒有被接受，刊登 Peters 和 Ceci（1982）報告的期刊，行為和腦科學（The Behavioral and Brain Sciences），對此研究有開放的同儕評論和同儕評審。

在 Gottfredson（1978）所進行的研究中，他控制了論文評審和研究綜合者在判斷上的某些差異，要求作者提名與其對等的專家來評審他們的研究，以去除很多可能因為原先偏見所造成評論的變異，Gottfredson 對一百二十一篇論文中的每一篇都能獲得至少兩位專家的評審，這些專家以讓品質一詞的意義模糊之三個問題的量表，來評審這些論文的品質，結果得到相互判斷一致性的係數為 r=+.41，而用很多清楚地評量研究品質面向之三十六個問項的量表，結果得到相互判斷一致性的係數為 r=+.46。

研究整個品質的判斷，需要評審者找出和混合幾個不同的面向，因此可能找到兩個評審決策變異的來源：（1）他們對不同的研究設計特性給予相對重要性；（2）他們對一特定研究好壞的判斷，須滿足設計的標準。要說明變異的第一個來源，我要求六位研究廢除學校歧視的專家，排出六個設計特點的順序，以建立廢除學校歧視研究的「實用或資訊價值」（Cooper, 1986）。此六個特點為（1）實驗操弄（或在本案中為廢除歧視的定義）；（2）控制組的適當性；（3）結果測量的效度；（4）樣本的代表性；（5）研究所在周遭環境條件的代表性；（6）統計分析的適合性。結果專家之間所排列等級的相互關係從 r=+.77 到 r=+.29 之間有所不同，而平均相關為 r=+.47。

總而言之，評審一致性的研究有些令人感到沮喪，但是，應該要提醒的是，用來測量一致性的層內（intraclass）相關，被批評爲太保守了（Whitehurst, 1984）。判斷的信度也能以加進更多的判決者來增強，也就是說，根據十位評審的評定以決定，接受或拒絕論文的出版，在平均上來說，十位評審的共識比起任兩位評審的決定，其一致性較高。但是，不管是期刊編輯或是研究綜合者，都很少用到非常大的評審團，來做爲研究品質的判斷。

　　預先排除研究與事後對研究差異的檢測：有關研究品質一致性的研究和預設立場在評審過程所扮演的角色，說明了在我們的世界中，主觀意見會破壞達成共識的努力之例證。此點是重要的，因爲關於對研究品質事先的判斷，是否應該用以將研究排除在研究回顧之外，其意見相當分歧。

　　在 Hans Eysenck（1978）和 Gene Glass 和 Mary Smith（1978）之間對 Smith 和 Glass（1977）在心理治療的研究回顧上，所做意見的交換，也許最能反映此一爭論，Smith 和 Glass（1977）回顧了超過三百個心理治療的研究，並沒有事先排除那些方法上有缺失的研究，Eysenck 覺得此種策略代表放棄了學術和批判性評定：

　　　將一大堆報告——好的、壞的和無差異的——都餵給電腦，而希望人們會停止對其結論所根據的材料品質之關切……「餵進去垃圾─吐出來垃圾」（garbage in-garbage out）是大家熟知的電腦專業名

言，在這裡也有相同之效力。

Eysenck 下了「只有經過較好設計的實驗，比在文獻中能帶給我們對所提觀點更佳的了解」的結論（p.517）。

對此之反駁，Glass 和 Smith（1978）所提的幾點在本章和前面幾章中，已經討論過了，第一，如同在第 2 章中所指出的，如果不同的研究結果是一致的話，那麼不一樣研究的不良設計特質會彼此「抵消」；第二，事先的品質斷定需要排除一些可能不一樣觀點的研究，而且會被個人的偏見所影響；最後，Glass 和 Smith 認為他們並沒有提倡放棄品質標準，相對地，他們視設計品質對研究結果的影響為，「事後問題的實驗，而不是事前的意見」（Glass, McGaw & Smith, 1981, p.222）。他們建議回顧者，完全記錄每一個研究設計的各個面向，不管好的或壞的，然後說明研究的結果是否事實上和研究是如何進行的有相關。

Glass 與其同事所持的論點，看起來和對文獻回顧的嚴格觀點一致，要事先包括或排除研究的決定，需要回顧者做一個完整的品質判斷，而這通常會太過主觀而變得不太可靠。相對地，回顧者能設法詳細列舉出研究的特質，而且研究特質能和研究結果做比較，以決定他們彼此間是否有共變。如果能在實驗上說明，用「好」方法的研究和用「不好」方法的結究，所產生的結果不一樣，那好研究所得的結果便能被信任，當兩者之間並無不同時，保留「不好的」研究便是明智的了，因為它們包括其他方法上的變異（例如不同的樣本和位置），會對回答問題領域周遭的

很多疑問有所助益。

　　事先排除研究的作法，只有在一種情形下也許是恰當的，也就是當排除研究的標準，在文獻搜尋之前就已定義好了，因此規則不會為了要配合回顧者而做修正，而且可接受研究的數量，也大到能允許回顧者適當地證明他所下的任何結論。但是在大多數的時候，讓資料說話——也就是包括所有的研究，並且實證地檢驗與方法有關聯之在結果上的差異——以發現的過程來代替研究回顧者的預設立場。

將研究方法分類的方法

　　採用一實證的方法之決策，對研究設計的影響，並不會解除研究回顧者所有的評估責任，研究回顧者仍然必須決定，需要記錄之研究的方法上的特質為何，很明顯地，這些決策將會是根據，在詳細檢查和相關聯研究的類型下之問題的本質。如果一個問題主要經由在實驗室中的實驗操弄，而被陳述清楚的話，那麼另一組不同的方法特質，比起如果一個相關的田野研究或一些兩種研究類型的混合，也許更重要。在過去，研究回顧者已經運用兩種途徑，來記錄方法，所以在「好的」和「不好的」研究之間的可能差異，便可以加以評量。第一種方法需要回顧者做有關存在研究中威脅效度的判斷，第二種方法是和初探性研究

者所描述的一樣，需要詳述研究設計的特質。

威脅效度的方法

當 Campbell 和 Stanley（1963）引介了「效度之威脅」
（threats to validity）的概念時，他們是由社會科學轉用過
來的，他們建議可以找到一組與每個研究設計有關聯的可
確認的外在影響，而其「可能產生混亂實驗刺激」的效果
（p.5）。不同的研究設計有與他們相關聯的不同效度威脅，
而且研究設計能夠，根據他們推論的能力，而加以比較。
更重要的是，次佳的研究設計可以被「三角測量」
（triangulated），所以當無法做到單一、「完美」的研究時，
多重研究可以產生很有力的推論。

Campbell 和 Stanley 的理念確定在討論研究品質時，敏
感性和主觀性的增加，但是，沒有多久一些應用他們的架
構的問題開始浮現，這些問題是與列出所有對效度的威脅，
和確認每一個威脅可能的牽連相關的。

一開始 Campbell 和 Stanley（1963）提出兩個效度威脅
的大分類，一個是內在效度（internal validity），此效度是
和實驗操縱與實驗效應之間的直接一致性有關，在研究設
計中，如果缺乏此一致性到某一程度時，研究結果的解釋
力便有問題了，Campbell 和 Stanley 列出了八種內在效度。
另一個則是外在效度（external validity），此效度是和研究
結果的概推有關的，評估外在效度需要評量一個研究參與
者、設施、操作和測量變項的代表性，但研究的外在效度

從未被決定性地評量，Campbell 和 Stanley 於是建議四種與代表性有關的效度分類。

　　接著，Bracht 和 Glass（1968）提出了一份增加外在效度種類的清單，他們覺得「在 Campbell-Stanley 一章中，並沒有如內在效度一樣，廣泛地的處理外在效度」（p.437），為了修正此一疏失，Bracht 和 Glass 確認了兩種外在效度的大分類：母體效度（population validity）和生態效度（ecological validity），母體效度是指對有包括在研究之內的人之概推，而生態效度則是沒有被抽樣到的場域，他們共描述了兩種特定的母體效度和十種生態效度。

　　稍後，Campbell（1969）加入了第九個內容效度，稱為「不穩定（instability）效度」，其定義為「不可靠的測量、對個人或成分抽樣時的變動、重覆或同等測量的獨立不穩定性」（p.411）。

　　最後 Cook 和 Campbell（1979）提出了分為四大類的三十三種特定效度，將建構效度（construct validity）和統計結論效度（statistical conclusion validity）加進內在效度和外在效度中，建構效度是指「用來代表特定建構的操作，能被一個以上的建構所解釋的可能性」（p.59），而統計結論效度則是指資料分析技術的威力和適當性。

　　從這很簡短的歷史回顧中，在運用對效度之威脅的方法，來評量實證研究的品質之問題應該很清楚了，首先，不同的研究者會使用不同的效度，例如，Campbell（1969）所主張的「不穩定效度」應該用其原先所提出的哪一種效度，或是用由 Cook 和 Campbell（1979）所重新定義的三種

效度呢？或者，生態效度應該用任何一種效度都可以，或是可用到十種效度來測量呢？第二個問題是效度的相對加權──長久以來便混淆不清的效度，和多個建構有限度概推的效度之比重是一樣的嗎？方法學專家甚至在應該如何分類特定效度上意見分歧，例如，Bracht 和 Glass（1968）將「實驗者期望效應」列為內在效度，而 Cook 和 Cempbell（1979）則將其列為建構效度。

除了這些問題之外，對研究評估之效度威脅的方法，仍然代表嚴謹度的改善，而且當然是在其替換品質之事前的單一判斷是較好的，每一連串效度的清單，代表了精確度的增加和知識的累積。這些效度也給了回顧者，一組應用或修訂的明確標準，因此，讓使用對效度之威脅的方法之研究回顧者，把用來判斷的規則攤開來討論和辯論，這是使研究評估過程更主觀的一個重要的步驟。

方法描述的方式

在研究評估的第二個方法中，研究回顧者完整地過錄每一個研究方法的主觀特質，這如同在初探性研究中所描述的一樣，這個方法在前面的章節中，談到有關研究過錄表時曾討論過（請看第 2 章），現在要做更仔細的檢視。

在 Campbell 和 Stanley（1963）的組織研究中，總共檢驗了三個實驗前設計、三個真實驗設計（true experimental design）、和十個準實驗設計（quasi-experimental design），Cook 和 Campbell（1979）擴充了這份設計的清單。在大部

分的研究領域中，不是所有的可取得設計，都會需要完整地描述其在相關研究中自變項和依變項的關係。

如同 Campbell 和 Stanley（1963）所提出的，實驗設計主要和消除對內在效度的威脅有關，有關其他三個威脅，他們並沒有太多的資訊，其中部分在第 2 章中曾經提到過，但現在需要更進一步的討論。檢驗實驗操作和測量的可信度，需要描述初探性研究之測量自變項和依變項的過程，關於自變項的操弄，研究回顧者可以記錄實際上實驗所用的數目和類型：有多少操弄自變項的方式？其操弄是經由成文的指令、影片或是創造實際活動的情境呢？相同的，回顧者可以記錄有無讓實驗者不知道實驗條件之控制，和是否有用來讓參與者無法猜到其假設的欺瞞或誤導，很明顯地，這些考慮只有當研究中有使用實驗操弄時才有相關。

區別測量的技術，能由記錄所使用測量的數目來編輯；是否它們為口語、文字、行為或人際判斷；它們是否有為了特定的研究，而被標準化、非正式、或被建構的；以及其相對的信度，如果這些評量是可能的話。對特定的研究領域，可能有其他相關的測量特質，是有其旨趣的。

如同對結論的母體和生態概推，回顧者可以記錄任何在初探性研究中，個人抽樣類型的限制，研究是在何時、何地進行的，以及自變項是何時被測量的。

最後，要評量一個研究的統計力（statistical power），研究回顧者應該記錄參與者的數目、是否有用樣本之間或之內（between- or within-subjects）的設計、分析所選取出的其他因素（變異的來源）和所使用的統計檢定。

一個發生在評估研究方法描述的方式之問題，和對效度之威脅的方法是一樣的——不同的研究回顧者會選擇列出不同的方法特質，但是，方法描述的方式有幾個優點。第一，當研究是以方法描述的方式來記錄時，不需要很多物件的整合與判斷的推論，對有關威脅效度的判斷稱為「低統計力」提供了一個很好的例證，過錄者只有透過合併詳細描述幾個研究特質：樣本大小、樣本之間或之內、統計檢定力（例如母數的與無母數的）、以及分析所選取出的其他變異來源的數目等，才能夠判斷一個研究，是否有很好的機會，去拒絕錯誤的虛無假設。同樣研究的兩個過錄者，可能對一個研究的統計力之高或低會有不同的看法，但是對組成決策的不同成分之過錄，卻有完全一樣的看法。研究的主要設計特質能以較清楚的意義加以過錄，因此，會有較好的信度。因而問題變成為：當第一次過錄研究時，方法上資訊的整合就必須可以評估是否存在對效度之威脅嗎？對大部分的威脅而言，答案是「不盡然」，如果研究結果的分析顯示，只有使用樣本之內設計的研究有顯著的結果，那麼回顧者可以檢驗所有效度應用的設計特點，也就是說，樣本之內的設計可能統計力太低了，以至於無法顯示其效應，或是樣本之內設計的前測，會使參與者警覺到自變項的操弄，因此，當要獲取會威脅其效度之研究設計的特定面向可能很困難時，回顧者通常仍能檢測其效度，當其方法的區別上有被加以過錄時。

混合標準的方法

　　要分類研究的最好策略是混合後面的兩種方法，第一種是，研究回顧者應該過錄所有可能相關重要的研究設計的面向，但是，只用此資訊是無法得知對效度的威脅。例如，牽涉到如何處置控制組內在效度的威脅最好直接過錄為對效度的威脅，雖然要決定是否存在有對效度的威脅，大都仍靠初探性研究者對其研究的描述。當此混合標準的方法無法解決，來自研究評估的所有問題時，另一步是採用明確客觀的決策方式。

　　研究回顧的例證：在四個例證中的其中兩個，提供了研究評估如何進行的很好例子。

　　第一個是，家庭作業效應的研究回顧，此回顧包括了三個和研究的內在效度相關的過錄：實驗設計的類型（例如，隨機指派或不等的控制組）、處置是否被抵消了、以及實驗者是否也同時是接受處置班級的老師。其他家庭作業研究的過錄是與研究的測量、外在效度和統計效度有關（請看表 2.1）。

　　要注意的是，家庭作業研究的過錄者沒有對其方法或效度作推論——他們僅僅蒐集由初探性研究者所報告的資料，很清楚地所要的研究是使用隨機指派、抵消處置和老師非實驗者的研究。但是，一些沒有這些特點的研究也被包括在回顧中，並且對研究實際結果有影響的設計因素加以檢驗，只有發現設計和成果之間的重要關係，是研究結果之間的差異之比重。

在過動兒之藥物治療的回顧中，研究的選擇被限制在只用隨機指派和雙連結過程者，是對因果推論的最有力之設計。因此，此回顧確實在預先設定的基礎上，預先排除了一些研究，理由為何呢？在回顧中總共發現六十一個研究，其符合方法上非常嚴格的要求——所有研究中的大部分被認為是有可能相關的，這些實驗群已大到足以有效地檢驗研究結果之其他步驟的影響。也就是說，即使在此有限的樣本之中，和其他形式的效度有關之研究面向也會有所不同。在社會科學中，此類型的情況是很少見的，當出現時，回顧者也許可以有力地為研究的預先排除辯護。當然，要批評過動兒研究回顧，而辯稱研究的排除是回顧者預設立場的偏見會是相當困難的。

在資料取得時的問題

到目前為止所討論的步驟，允許回顧者以完整和嚴格的形式，找到並評估研究，不過在取得及評估的程序中，已經注意到不足之外會使回顧者感到挫折，不管他們僅可能的完整和小心。一些可能的研究並沒有公開，而且即便是最周延的研究步驟，也無法找到這些研究，有關於評估研究，要從過程中將主觀完全去除是不可能的。第三個問題領域跨越了文獻回顧的獲取和評估兩個階段，這些研究回顧者幾乎完全無法控制的問題包括了（1）無法保證可以

在圖書館找到所有可能相關的文件；（2）初探性研究者不小心或不完全地報告其資料；和（3）在從研究獲取資訊時，不完全的資訊處理過程技巧。這三個問題都會分別加以處理。

圖書館取得資料的問題

每一個研究回顧者會發現一些可能有關的文件（根據題目或摘要），無法在他（她）所在的圖書館中找到，回顧者必須取得這些文件的程度為何？要使用館際合作，以嘗試獲得這些研究是一可能的路線。如同前面所提到過的，館際合作能用來取得博士和碩士的學位論文，或是博士論文可以向在密西根州的國際大學微縮影片中心購買，直接與初探性研究者接觸是另外一種方法，雖然私人的接觸通常只有很低的回覆比例。是否能找到初探性研究者，而獲得所要的文章，部分是受到所需文件的年代所影響。

一般來說，當決定如何找到不易取得的論文時，研究者應該考慮（1）已知很難取得之論文總數的比率；（2）計畫特別的取得途徑所需之成本；（例如，館際合作比較便宜，而購買博士論文較貴）和（3）他（她）操作時要花的時間。

不完全和錯誤的結果

或許在取得研究的過程中最感挫折的是，當研究回顧

者好不容易找到初探性研究的報告，但卻發現報告對結果的描述並不完全，例如，在對服從性的性別差異所做的研究回顧中，我發現三十八個相關的研究報告中，有十二個並沒有如何獲致結論的統計描述（Cooper, 1979）。當檢定的結果不顯著時，統計資料是最常被省略的，最值得注意的是，發現有四個研究確實報導了統計資料，但是卻沒有提及關係的方向。

很明顯地，對想要用量化分析（將在下一章中討論）的研究回顧者來說是最關切的，是對統計值的不完全報導，量化的回顧者對這些不完全的資料應該做些什麼呢？以下建議幾個方法以處理最常見的問題。

第一，研究回顧者能將所有報告其假設檢定是「不顯著」，而卻沒有報告其相關的推論檢定值、p值或效應大小的研究，當做是有未發現的虛無結果，也就是說，對任何包括這些研究的統計分析，假定其機率為.5（在一尾檢定之時），而關係的強度為零，期望這種方法對任何量化回顧的結果，會有保守的影響是合理的，一般來說，當使用這種方法，比如果知道這些研究確實的結果，其所累積的 p值，應該會比較高，而關係的平均強度，則比較會趨近於零。

另一個方法包括了嘗試合併結果，當一些初探性研究者使用母數統計（parametric statistics）和其他用無母數統計（nonparametric statistics）時。大部分的時候，在所有的研究中所使用的其中一種統計，會遠多於另外一種，在這種情形之下，不同的統計能被合併，當成它們都共享佔優

勢那組的假設，而不會太過破壞其結果，如果母數和無母數檢定的數量大致相等時，則兩組研究應該加以分別檢驗。

　　想要做統計合併的回顧者，有時候會發現不同的研究是無法比較的，因為在他們的分析中用了不同數目的因素。例如，一個過動兒藥物治療的研究，也許以簡單的 t 檢定來比較實驗組和控制組，而另一個研究也許用兒童的性別和年齡，做為在變異數分析設計時的外加因素。如果其他的條件都相等的話——假設有性別和年齡效應——第二個實驗會有比較低的機率和比較大的治療效應，因為相對於治療控制差異所比較的誤差總數將會比較小。Glass 等人（1981）列出了一些將在其分析時，使用不同因素數目的研究之統計結果加以等同的步驟，但是事實上，初探性研究者很少非常詳細地報告他們的結果，以使回顧者可以進行所需的轉換，當這種情形產生時，研究回顧者應該實際地決定研究的統計結果，是否和分析的因素數目相關，如果發現有關係，研究回顧者應該分別報告，其從只用單一因素的研究分析所獲得的結果。

　　除了不完全的報告之外，另一些報告的統計資料不正確，很多研究報告描述，其統計檢定到達 p<.05 的顯著水準，而不是描述推論檢定結果的確實機率，在這種情況下，回顧者能重新計算 p 值，以反映其確實之值。

　　最後，在統計分析時有錯誤的問題，如同在一個實驗研究中，Wolins（1962）和三十七位最近出版了研究報告的心理學家接觸，要求是否能看他們的原始資料，其中有二十六位，或 70%的作者沒有回應，或是聲稱他們的資料

已經遺失或偶然地損壞了，而七個 Wolins 可以分析的資料檔中，發現其中三個有很大的分析錯誤。

　　雖然沒有人確實知道，一般發生在統計分析時的錯誤情形為何，但研究指出，也許已頻繁到值得研究回顧者的注意。可能的話，回顧者應該檢查出現在研究報告的統計，以保證沒有很奇特值的結果，和一個研究報告其所有的結果和另一個研究是一致的。

在過錄研究結果時的誤失

　　就如同研究者有時候在資料分析時會犯一些錯誤一樣，在過錄資料時，有時也會有錯誤發生，這種抄錄的錯誤對研究回顧者來說，當他們從研究報告中取得資訊時是個問題，Rosenthal（1978a）回顧了二十一個檢驗過錄錯誤的次數和分配的研究，這些研究找到了所有資料過錄的錯誤率從 0 到 4.2%，在過錄時 64%的誤差幾乎證實了研究先前的假設。

　　Stock 等人（1982）實驗地檢驗了在文獻回顧中所做的不可靠的過錄，他們讓三個過錄員（一個統計學者和二個博士後教育研究者）從三十份文件中，將資料重新過錄成為二十七個不同的過錄類別，Stock 等人發現一些變數，例如參與者年齡的平均數和標準差，幾乎完全一致的過錄，只有一個有關研究者所使用的抽樣類型的判斷，沒有達到平均 80%的過錄一致。

　　總而言之，當初探性研究的過錄者在記錄他們所獲取

的資料是相當可信時，追蹤過錄者的正確性是一個很好的練習，特別是要過錄的研究數目很大的話，或是如果要做過錄工作的人並沒有太多研究訓練的話。在這些時候，回顧者應該視研究的過錄，為資料蒐集的標準練習，特別是解釋每一筆記錄之意義的過錄表應該和過錄簿一起，在真正過錄之前，應該和過錄者共同討論和練習範例。應該對研究控制組做信度的評估，在過錄者之間的信度達到一個可以接受的程度之前，過錄不應該開始。

研究回顧的例證：在回顧家庭作業的效應中，文獻搜尋時大約有十個左右可能相關的研究無法取得，這些研究大部分很舊了、在北美以外的地區出版或是未被出版，在所有判斷是可能相關的研究中，這些文件佔了不到 5%的比率。

人際期望效應的人格調節者的回顧，最麻煩的是資料的缺失，這是因為通常報告相關係數是不顯著的，而且有沒有給相關的程度為何，一個可以幫助彌補資料缺失的技術，是決定出版的期刊文件是否為博士論文的報告，如果是的話，可以取得完整的學位論文，而這通常包含了對資料結果更完整的描述。

最後，家庭作業效應的回顧包括了研究過錄的正式信度檢定，Kappa 係數和兩位過錄者在十三個類別的一致性之百分比也加以計算，信度估計指出在七個類別是完全一致的，信度最差的是，k=.71 和 79%的一致性，出現在過錄者取得每週指定學生作業的數目。只要有不一致的情況發生，這兩位過錄者便一起檢驗研究和解決之間的差異。

確認獨立假設檢定

　　另一個在資料評估階段必須要做的重要決定，是如何確定獨立假設檢定，有時候即使是單一的研究，也會包含對相同假設的多重檢定，這有兩個主要的原因。第一個是，同一個建構使用兩個以上的測量，而且每一個測量都分別地加以分析。例如，一個針對過動兒的研究者，他可以同時運用老師報告和課堂觀查兩種方法，來測量其在學校的行為問題。第二個原因是在同一個研究中，可能會用到不同的樣本，而來自不同樣本的資料也分別地加以分析，例如如果過動兒研究者對男孩和女孩分別檢驗其結果的話，這種情形便會發生。在這兩種情況之下，假設檢定並不是完全獨立的——它們共同受到歷史的和情境的影響，而且在前面的那個例子中，它們甚至是受來自於相同樣本對象資料的影響。

　　若再進一步考慮非獨立假設檢定的問題，有時候單一的研究報告會描述一個以上的研究，而又有些時候多個研究報告，卻是描述在相同的實驗室中所進行的研究，研究回顧者可以將在同一地點所進行的研究做一總結，即使它們在不同的年度出現在不同的報告中，這些研究並不是完全獨立的，它們之間仍有某些結論會有共同不變的持質。同一個初探性研究者有同樣的預設立場，而他可能會使用相同的實驗室，而抽出來自於相同母體的參與者。

　　特別是在回顧者想要進行量化綜合分析的情況下，必

須要決定假設檢定什麼時候會被認爲是獨立事件，以下建議了幾個有關在研究回顧時，如何決定其分析單位的策略。

以實驗室爲分析的單位

　　要確認獨立假設檢定最保守的方法，是以實驗室或研究者做爲最小的分析單位，這種最保守的方法所隱含的是，在相同實驗室中的重覆性研究之資料價值，比起來自於不同實驗室但相同數量的研究，要小得多了（能計算不同層級間的 r 以評估來自同一個實驗室之研究的非獨立程度）。這方法需要回顧者蒐集所有在同一實驗中所完成的研究，並且得到有關在某一特別方面結果的總結，但是有一個缺點是，這需要回顧者在研究回顧時進行回顧，因爲必須先決定同一實驗室中的綜合分析結果，再做不同實驗室之間的。

　　這種方法實際上很少用到，一般都認爲太保守了，而且一個一個研究地檢驗，其結果的變異也太浪費所獲得的資料了。

以研究爲分析的單位

　　以研究做爲分析的單位，需要研究回顧者決定，有關不同研究報告結果的比較，而不是累積一個以上的研究結果。

　　如果單一研究報告包含了對同一個假設，有一個以上

的檢定，那回顧者根據每一個研究或報告中的假設檢定的數目，來給不同的發現予以不同的加權。這可以用研究結果的平均數或中數，來代表此研究的方式來進行，此種策略可以保證，每一個研究對整個回顧的結果有同樣的貢獻。例如，一個以兩個年級學生為對象的研究報告了在五個不同成就測量的結果（例如，十個假設檢定），而這個研究能給予加權，使得此報告只有單一結果，而且這個結果和來自單一年級單一測量的研究結果，都會給予相同的考量。

很明顯地，研究回顧者在判斷一個研究時，難免有些主觀性，例如，研究回顧者會將所有出現在單一期刊論文或稿件的所有結果，都當成一個研究，而另一個研究回顧者會將一份把結果區分為不同研究的報告，當成一個以上的研究。

以樣本為分析的單位

此方法允許單一的研究有一個以上的假設檢定，如果這些假設檢定是分別檢測不同的樣本的話，因此，過動兒的研究回顧者會認為，在同一個研究中對男孩與女孩分別地假設檢定，是彼此獨立的，但是如果對相同的兒童用不同的測量來檢測相同的建構，則不認為其為獨立。以樣本為單位則假設在同一個研究中蒐集來自相同樣本的資料所做之假設檢定，會共有大部分的變異。

以假設檢定為分析的單位

最不保守的方法是，確認研究所用個別的假設檢定或比較做為分析的單位，初探性研究者對其假設進行分別的檢定，而研究回顧者則將這些檢定視為彼此獨立的檢定，這種技巧的優點是，不會漏失掉任何與關係的可能調節者有關的研究本身之資訊，而它的弱點是假定假設檢定為獨立，而需要對結果做量化的綜合分析。在對結果做完整的總結時，也不會給予這些研究的結果相同的加權，相對地，研究會將整個的發現歸因為與統計檢定數目有關，而這並不是一個好的加權標準。

改變分析的單位

一個比較折衷的方法是，使用改變分析的單位，特別的是，每一個統計檢定一開始時都當作獨立事件，而加以過錄，因此，一個包含十二個假設檢定或比較的單一研究，應該會填寫十二份不同的過錄表，每一份過錄表都會稍有不同，根據其樣本、測量或設計特質之方向的不同，而所區分的統計檢定。但是，當回顧獲致了整個累積的結果時，給予統計檢定不同的加權，以使每一個研究（其他所有的加權因素都相等）對整個發現都有相同的貢獻。因此一個含有三個相關係數的研究，應該有其平均數，然後累加起來成為單一的數目以做分析，但是，當檢驗整個關係的可能調節者之時，只有在影響變數的不同類別之間，累積其

研究結果。例如，如果家庭作業和成就的研究分別呈現其男性與女性的相關係數，那這個研究只對整個分析貢獻一個相關係數——男性研究和女性研究的平均數——但是對關係的性別影響之分析的貢獻，則是有兩個相關係數。更進一步來說，如果這研究對不同性別，分別報告其班級成績和不同標準化測驗的相關係數（也就是說總共有四個相關係數），那在每一個性別團體中的兩個，來自不同測量的相關係數會加以平均，當進行性別影響的分析時，而且當檢驗測量調節者時，則會平均兩個性別團體的相關係數。這意味著對調整假設而言，單一的研究能對由第三個變項所區分的每一個類別，貢獻一個檢定。這個策略是屬於折衷式的，因為允許研究保留其最大的資訊值，而保持任何違反假設檢定獨立的假設最小的情況。

統計調整

Raudenbush、Becker 和 Kalain（1988）已經對這非獨立假設檢定的問題，提出了一個統計的解決方式，他們想出一個根據可以在統計上調整同一個研究有多重結果之間的獨立性，和不同的研究的不同結果數目的綜合最小平方迴歸（generalized least squares regression）的步驟，要成功地使用這種技術的關鍵，在於回顧者對假設檢定的相互依賴性，有可靠的數目估計，例如，檢定一個家庭作業效應的研究，包括班級成績和做為成就測量的標準化測驗分數兩者，為了使用 Raudenbush 等人所發展出來的技術，回顧

者必須估計，在這研究中樣本的成績和成就之間的相關係數，而初探性研究者通常並沒有提供這種資料，但是它們可以從其他的研究中估計而得，或是可以分別做低估計和高估計的分析，以歸納出該值的範圍。

研究回顧的例證：在四個做為例證的研究回顧中的三個，運用了以上所描述的改變分析單位的步驟，唯一的例外是對問卷回覆率的研究設計效應之回顧，在這個分析中，因為來自每一個研究的原始資料都能被取得和累計，只有以研究參與者的數目來決定其加權，在這種情況之下，因原始資料可以取得，所以便能做比樣本統計更多的分析（請看第 5 章更詳細的描述）。

在評估研究時的效度議題

使用任何評估標準，而非方法的品質，對研究回顧結果效度加入可能的威脅，如同 Mahoney（1977）所指稱的「研究者所表現出〔先入為主之驗證性〕偏見的程度，會嚴重危及我們對人類調適過程的適當了解」（p.162），我們應可以放心的假設，評估偏誤對我們的發現會有負面效應。

對效度的第二個威脅，發生在資料評估期間，包括了初探性研究者報告的不完整，而造成的資料無信度，我們已經看到很多研究報告，完全省略假設檢定的討論，或是

只給不完全的檢定資訊。在研究回顧中，這種不完全的報告所佔的比率越高，則研究回顧結論所必須包含的信賴區間也就會越大，

最後，對研究回顧效度的第三個威脅，包括了在過錄研究結果時的無信度，在大多數的情況下，過錄能有相當高的信度，特別是如果用要求過錄者只記錄初探性研究者所直接呈現的資料的策略，而不對研究品質或特定效度威脅的有無做推論的話。

對效度的保護：在本章中描述了幾個用來增加研究評估的客觀性和相關決策的步驟：

1. 回顧者應該盡可能的保證，只有概念性的判斷，會影響是否要將研究包括進回顧中的決策。
2. 如果要給予研究不同的加權，那加權的方式應該要加以說明並合理化，個人對研究的參與，並不是一個給予額外加權的好標準。
3. 用來分類研究方法的方式，應該盡可能的涵蓋所有的設計調整者，回顧者應該詳細地描述每一個和研究結果相關的設計特點，並且告知分析的結果。
4. 應該有一個以上的研究過錄者，過錄者之間的一致性應該加以量化和報導，過錄表也應該由對研究結果不知情的過錄者來填寫。
5. 回顧者應該清楚地敘述，當包含不完全或錯誤的研究報告時，運用了什麼樣的規則。

練習

- 列出一組你認為可以區分好的和不好的研究之標準，考慮這些標準對研究品質的影響加以排序，和你的同學們比較一下你們所列的標準和排名，你們彼此之間的相同和相異點為何？

- 和你的同學一起，找出一組你們都同意的標準和評估量表，同時找出一組十個有相同主題的研究，你們彼此間各自應用這些標準到這十篇論文上，比較一下你們的評判，你們之間有那些不同，而導致這差異的是什麼？要如何重新修訂這些標準，使其在以後的使用時，會使差異減少到最小？

- 使用相同的這組研究，再次和你的同學一起，分別記錄每一份報告中以下有關的資訊：（a）樣本大小；（b）任何對抽樣對象的限制；（c）比較團體（或其他資料）在直接變項的平均數；（d）假設是否被驗證了；以及（e）其原始推論檢定的類型和顯著水準，你們相同和不同的值有多少？那一個值導致了最多的不一致？為什麼？

5

分析和解釋的階段

　　本章呈現了一些能幫助回顧者摘要研究結果的
統計方法，在所討論的技術中包括了那些產生累積
的機率、牽涉到效應大小的計算，以及幫助回顧者
檢驗不同研究之效應大小的變異性，最後，有關效
度的議題將在資料分析和解釋時提出。

　　資料的分析和解釋牽涉到，將調查者所蒐集的不同資
料點之綜合成為有關問題的單一陳述，根據 Kerlinger
（1973）：

　　　　分析意指了資料的分類、排序、操作和摘要以
　　獲得研究問題的答案，分析的目的是將資料減少為
　　可理解的和可解釋的形式……解釋採取分析的結

果、關於所研究之關係的推論和有關這些關係所下
的結論。（p.134）

如同在第 1 章所指出的，資料的解釋需要能被用來將
「干擾」或偶然變動從系統化的資料類型區分出來的決策
規則。雖然可以用不同的決策規則，但是規則一般包括了
有關在目標母體中干擾是什麼的假設（例如，常態分配的
誤差）。

兩種調查類型的技術整合

如同任何科學的調查，需要從具體的操作跳到抽象的
概念一樣，初探性研究者與研究回顧者也必須從資料樣本
進入更一般的結論，但是，1970 年代中期以前，初探性研
究者和回顧者所用的分析和解釋技術幾乎沒有相似性，初
探性研究者有義務發表其樣本統計和以機率檢定證明任何
有關假設的主張。初探性研究者最常做的是，計算可以描
述其樣本的平均數和標準差、使其假設需要統計檢定（例
如，常態分配和誤差獨立性和變異數的同質性）、以及報
導與能從誤差中被區分出來的系統變異之可能來源有關的
機率。

統計對直接資料解釋上的協助，也並不是完全沒有批
評的，某些學者辯稱顯著性的檢定並不是非常有益的，因

為它們只告訴我們虛無假設是否是真的（e.g., Oakes, 1986）。根據此論點，在一個以人為母體的虛無假設幾乎從來都不是真的，因此，一個既定檢定的顯著性，主要是受到有多少個參與者被包括在研究中的影響。同樣地，那些對顯著性檢定統計學的價值懷疑者指向在母數假設之下，受事件母體的限制，不管一個關係的統計顯著性是如何，研究的結果只有對像那些參與特定研究的人們有普遍性。

有關統計價值的懷疑論，對那些用統計來精進其技術和保持其結果有適當觀點之人是有幫助的，雖然如此，但是大部分的初探性研究者在其研究中使用統計，而且大部分的人會對綜合資料卻沒有一些統計步驟的協助，覺得非常的不舒服。

和初探性研究相對的，研究回顧並沒有義務應用任何標準的分析和解釋技巧在綜合分析的過程中，在傳統上來說，回顧者用連他們都不知道的推論規則來解釋資料。因此，用在研究回顧的一般推論規則的描述是不可能的，對個別回顧者的特定觀點而言，分析和解釋的方法是異質性的。這在分析與解釋的主觀性導致有關很多回顧的懷疑論，要說明這個問題，批評家們將量化的方法介紹到回顧的過程中，這些方法是建立在包含個別研究之初探性研究的統計上。

量化的綜合分析或後設分析

　　以上所建議的是兩個最近對研究回顧有很強烈影響的事件，是研究的成長與電腦化文獻搜尋的出現，第三個影響是將量化過程，稱為後設分析（meta-analysis），引介到回顧的過程中。

　　社會科學研究已經開始將注意的焦點放在回顧者如何從一連串相關的研究中得到一般性結論。對一些缺乏一套標準化程序主題領域來說，要有每一個研究分別的口頭描述現在是不可能的，而只專注在從數十或數個百個研究中所選出的一或兩個研究的傳統策略，又無法正確地描繪出知識的累積。在有數百個研究存在的題域中，很確定地，回顧者必須描述「標準」研究，以便讀者可以了解初探性研究者所使用的方法。但是，依賴標準研究的結果做為所有研究的代表可能會產生嚴重的誤導。如我們已經看到的，這種選擇性注意的類型易導致驗證性的偏誤：特定的回顧者會只強調支持他（她）先前說法的研究。同樣的，對證據選擇性的注意，無法給一個關係強度有好的估計，如同在一主題的證據會累積一樣，研究者變得更感興趣的是關係的強度，而不單單只是關係的存在而已。最後，只有對所有研究中的一部分選擇性的注意，會放很少或不精確的比重在可檢定的部分，只呈現一個或兩個研究而沒有整組累積分析的結果，讀者不會對其結論有任何具信心的估計。

　　當回顧者在考慮不同的研究結果之間的變異時，也會

面對一些問題，回顧者將會找到對共享一特定步驟特質，但在其他很多特質上不同的研究之結果的分配，他們也許無法正確地做出步驟變異是否會影響研究結果的結論，因為由任何單一方法所獲得結果是不同的，或是不同方法所獲得之結果的分配會有重複，因此，看起來有很多時候，回顧者必須回到量化的回顧技巧上。Gene Glass（1977）寫到，「累積的發現……研究應該被視為多重資料點，不再是內容廣泛而沒有統計分析」（p.352）。

將量化推論步驟應用到回顧上，看起來是對擴大增加中的文獻一個必須的回應，如果統計被適當地應用的話，它們應該會增強回顧結論的效度，量化的回顧是在初探性研究中，需要嚴謹的綜合分析的推論之相同規則的延伸，如果初探性研究必須強調將資料關係量化到其結論中的話，那下一個資料的使用者也應該要求他如此做。

後設分析的簡史

Gene Glass（1976）介紹了後設分析一詞以做為來自個別研究「整合其發現為目的」的結果之統計分析（p.3），進行後設分析之步驟在 1976 年之前就已存在很久了，確實地，合併獨立研究結果的方法可以回溯到 1930 年代（Fisher, 1932; Pearson, 1933），但是它們應用的例子確很少，它利用擴大的資料檔和研究回顧的成長需求，以提供對一般使用後設分析的原動力。

後設分析並非沒有批評，量化回顧的價值受到的質疑，

和在初探性研究分析中所遭遇的批評是類似的（e.g., Mansfield & Bussey, 1977; Barber, 1978）。但是，大部分的批評較少來自於後設分析本身的議題，而大多是來自於一般不適當的回顧步驟（例如缺乏操作的細節），而這會被錯誤地關聯到分析上（Cooper & Arkin, 1981）。

　　證據指出後設分析現在是一可接受的步驟，而且它在社會科學中的應用也持續在成長，根據 Guzzo、Jackson 和 Katzell（1987）的說法，在心理學摘要中以「後設分析」為索引之論文和學位論文的數目，在 1985 年達到將近一百篇，Greenberg 和 Folger（1988）說到「如果目前對後設分析的興趣是任何指標的話，那麼這就是後設分析仍存在的理由」（p.191）。

用不到統計之時

　　本章大部分在檢視可能的量化回顧步驟與其是如何應用的，但是，要明確說明的是，在某些回顧中使用量化步驟是不適當的情況是很重要的。

　　首先，在回顧時運用統計的基本前提是，先確認一連串研究都陳述同一個概念假設，如果回顧的前提並沒有包括此聲明的話，那麼是不需要累積的統計。量化的步驟只可以應用到整合型的研究回顧中，而無法用在有其他焦點或目的的回顧中（請看第 1 章），例如，如果一個回顧者對追蹤過動概念的歷史發展有興趣的話，對他（她）而言，並不需要去做量化的回顧。但是，如果回顧者也想對有關

過動不同的定義（也就是診斷的方法）是否會導致藥物治療有不同的效果，作推論的話，那對相關研究的量化摘要將會是很適當的。

　　過動兒的藥物治療之回顧例證指出在量化綜合分析時的第二個限制，在這個回顧中，進行不同的分析以比較藥物治療與安慰劑的控制組，和藥物治療與無治療的控制組，即使兩種比較評估了藥物的效用，也不必要將它們一起處理。當假設包括了與控制的比較時，回顧者會發現控制類型的區分是很重要，而不至於被量化分析所遮蔽。

　　第三，回顧者不應該在一個比讀者發現有用的更廣泛的概念層次，來量化地合併研究，在一絕對的情況下，大部分的社會科學研究都能被類分為檢驗單一概念的假設——社會刺激影響人類行為。確實，為了某些目的，這樣的假設檢定也許是非常具啟發性的，但是，這不應該被拿來做為將概念和假設堆集在一起，而沒有注意對回顧使用者會有區辨意義之藉口（請看 Kazdin、Durac & Agteros 1979 年對此議題幽默的處理）。例如，人際期望效應之人格調節者的回顧，提供了當研究中量的合併是可能但不是完美時一個很好的例子，在所找到三十三個以檢定廣義的概念性假設的研究中，有二十四個（包括在十七篇報告中）檢驗（在照片評斷任務中實驗者的期望效應）、六個使用其他的實驗室設備、一個用教育的設施和二個用模擬的治療設施。然而，不是將它們全部集在一起，而是只有用照片評斷任務的研究才作後設分析，為了獲得在任何較廣義的概念層次之累積結果，竟然在所有比較中，有超過三分

之二是在高度特殊的設施中進行的。

整合在回顧結果中的技術及差異性

當不同推論策略的相對效度不容易加以評估時，Cooper
和 Rosenthal （1980）確實證明在研究回顧的量化和非量化
步驟之間，有一些客觀性的差異，他們要求研究生和教授
們評估有關一個簡單問題的文獻：性別是否和任務持久性
有關？所有的回顧者都評量一組相同的研究，但是其中一
半的回顧者使用量化的步驟，而另一半則使用任何他們合
意的標準，在後者的條件下，沒有一位回顧者選擇量化的
技術，使用統計的回顧者報告比較支持假設，而且變數之
間的關係也比不用統計的回顧者來得大，使用統計的回顧
者也比不用統計的回顧者，傾向於視未來重複的研究是比
較不需要的，雖然此項發現並沒有達到統計上的顯著度。

很可能採用量化步驟的回顧者，其所使用不同的統計
檢定，會造成回顧結論的變異，在量化地回顧社會科學研
究的母數模型（parametric model），已經出現幾個不同的
範例（Glass et al., 1981; Hedges & Olkin, 1985; Hunter,
Schmidt & Jackson, 1982; Rosenthal, 1984），而其他的範例
也能夠和貝氏定理法一起使用（Raudenbush & Bryk, 1985;
Viana, 1980）。有幾種可能的技術可以用來合併分別的研
究機率，以產生一個完整的機率來進行研究（Rosenthal,
1984），不同的技術所產生的機率水準也會有些不同，因
此，要實行量化分析所採用的規則，可能會隨著回顧者的

不同而有所差異，而這便會造成回顧結果是如何被解釋的變異，我們同樣能夠假設，非量化回顧者所使用的規則也會變動，但是他們不明確的本質，會使得要作他們彼此間的一般比較變得很困難。

綜合主效應與互動

在檢驗幾個回顧者可用的量化技術之前，再詳細一點檢視假設累積檢定的一些不同特點是很重要的，在問題形成的那一章中，便曾經指出大部分的研究回顧首先是將焦點放在主效應的檢定上，這是基本的，因為主效應在概念上的相同檢定，會比三個或以上互動變項的檢定更常出現。當然，一旦回顧者辨識出一個主效應是否有出現，那他或她的下一步是轉向關係的可能調節者或互動假設。

在研究回顧中，主效應和互動檢定兩者的主要特點是，與相同假設之分別檢定有關的顯著水準和關係強度，而這會隨著檢定的不同而有所變動，而且這變異性有時候是很驚人的。

主效應檢定的變異性

會產生主效應檢定不同的結果是因為兩個原因，或許最簡單的原因最常是忽略了抽樣誤差，Taveggia（1974） 提

出以下論點：

作者常忽略回顧在方法上的原則……是：研究結果是機率的問題，這個原則所建議的是，任何單一研究的發現是無意義的——它們也許只是偶然的出現，如果在某一特定主題上，有很大數目的研究已經完成的話，偶然只是指示存在著報導不一致和相反發現的研究！因此，出現相反的結果，也許僅僅是所有研究發現之分配的正向和負向細節而已。（p.397-398）

Taveggia 強調使用機率理論和抽樣技術來對母體推論的一個涵義，舉例來說，假設要測量每一個美國學生的學術成就是可能的，同時，也假設如果要進行這樣一個任務的話，會發現有做家庭作業學生的成就，完全等於沒有作家庭作業的學生——也就是說，兩個母體都有完全相等的團體平均數。再來，如果抽出一千個樣本，其中五十個有家庭作業者而五十個無家庭作業者，而且樣本平均數以 p<.05 的顯著水準（兩尾）來比較的話，那大約二十五個比較會出現顯著的差異爲有做家庭作業者較好，而大約二十五個比較會出現無家庭作業者較好。這種結果的變異是無法避免的事實結果，樣本所估計的平均數和真正母體值會有些不同，因此，某一些比較會以成對樣本來估計，而這估計偶然地會與其真正母體值有很大的不同，而且是在相反的方向。

在以上所給的例子中，回顧者不太可能會被騙，而認為不是偶然所造成的結果——終究，九百五十個比較會顯示無效應，而且顯著的結果會同等的分配在兩個可能的結果，但是，在實際的應用上，結果的類型很少是如此清楚的：第一，就如同在研究取得那章中所指出的，回顧者可能無法知道所有的虛無發現，因為不容易發現這些結果。同時，即使完整的關係確實存在兩個變數之間（也就是虛無假設是錯誤的），有一些研究仍然會得到和整個結論方向相反的顯著結果。繼續此例子，如果有做家庭作業者的平均成就比無家庭作業者大的話，那有些樣本會傾向無家庭作業者仍然是有可能的，主要是根據關係的大小和所做比較的數目而定。總而言之，研究結果變異的一個來源可能是偶然的變動，因為樣本估計的不正確所致。

第二個主效應變異的來源，一般對回顧者來說是比較有興趣的：研究結果的差異是由研究是如何進行和／或參與者是誰的變異而造成，例如，也許在整個母體中，高中學校中有做家庭作業的學生與不做家庭作業的學生之間成就的差異，比在小學中的差異大。在第 2 章中，已介紹了回顧所得的證據之概念，以描述檢驗研究特質是如何與研究結果的變異相關聯的步驟。

這兩個在研究結果的變異來源之存在，為回顧者造成了有趣的兩難困境，當所謂相反的發現出現時，回顧者應該試著以確認研究所使用方法的差異來尋求解釋嗎？或是回顧者應該只是寫下相反的發現，就如同因為抽樣誤差所產生的偶然變異呢？已經有一些檢定以幫助回顧者回答這

些問題,實際上,這些檢定用「抽樣誤差」做為虛無假設。如果在不同的研究中,結果的變異很大,而無法用抽樣誤差來解釋的話,那回顧者知道要尋求其他的解釋,也就是不同研究之間方法上的差異,但是,就現在而言,要注意的只是這兩個研究結果有變異的不同來源,需要回顧者加以思考。

互動檢定的變異性

很明顯地,造成主效應變異的因素,也可能會影響互動檢定的變異,互動效應和主效應一樣都對抽樣誤差和步驟變動很敏感,但是,檢驗研究回顧中的互動,顯現了一些獨特的問題,為了容易發表,這些有關兩方互動檢定,將會加以討論,但是也會有推廣至較高層次互動的意見。

圖 5.1 說明了兩個證明互動之假設研究的結果,在研究 I 中檢驗了兩個兒童樣本的過動程度,在治療的第一天和第七天皆比較了藥物干預和控制條件,在第一天,接受藥物治療的小孩比控制組小孩較少過動,但是在第七天,接受藥物治療的小孩比沒有接受藥物治療者被認為有更多的過動,因此對過動的藥物治療效應和研究進行的方向正好相反。

在假設的研究 II 中,接受藥物治療的小孩比控制組的小孩在第一天較少過動,但是到了第五天發現實驗組和控制組之間沒有差異,在這裡第一和第二種過動測量之藥物治療效應「消失了」。

回顧者找到兩個有這樣發現的研究，可能會誘使他（她）在第一時間便做了結果不一致的結論，研究 I 指出藥物治療開始時是有效的，但是隨著時間的過去反而產生反效果，而研究 II 則證明沒有反效果，只不過是想要的結果消失不見了。但是，更進一步的檢視這兩個圖，其顯示了為什麼下研究結果不一致的結論或許不是很恰當的。研究 II 的結果和研究 I 很接近，如果在第五天都有測量其過動情況的話，同樣地，如果研究 II 包括了第七天的測量的話，那這些研究者可能會得到和研究 I 在第七天很類似的結果。一般來說，發現實驗效應只出現在互動變項的一個層次的研究者，只能夠推測，從那個變項較廣程度的抽樣，會導致效應的交叉作用，但是，研究回顧者可能會有機會對做這樣的結論較有信心。

就如同這個例子所說明的，研究回顧者不必假設從不同研究所找到的互動強度或不同的型式，必須意指結果的不一致，相對的，研究回顧者需要檢驗，用在不同研究中之變項的不同程度，以及如果可能的話，將結果畫成圖表，以便將不同變項的程度加以考慮。這樣做便可以了解研究回顧的一個有利之處，當一個研究建議，對過動的藥物效應會隨著時間而消失，而另一個研究卻建議，藥物效應會隨著時間過去而產生反效應時，研究回顧者可以發現，這兩個結果事實上是完全相對應的。

這個可能性也強調了初探性研究者，在發表有關用在其研究中變項程度的詳細資訊之重要性，沒有這些特定的資訊，研究回顧者不可能進行如同上面之例子一般的跨研

究分析，如果在研究 I 和研究 II 的初探性研究者都忽略了，要說明在兩次測量之間的時間是多長的話，也許是以「短」和「長」來代替兩次測量之間的間隔，那相對應的結果也許就不可能會有了。

研究回顧者也必須小心地檢驗互動報告的統計分析，例如，其餘所有的皆相等，研究 I 的研究者比研究 II 的研究者較可能報告測量時間和治療之間有顯著的互動，而事實上，假定有相同的誤差項，研究 I 互動的 F 值應該比研究 II 中的要大上好幾倍。

總之，回顧者取得有關互動最詳細的資料，而不管其統計的顯著性是絕對重要的，當然，問題是除非互動是初探性研究者的主要焦點，或者證明了互動是顯著的，否則包括在報告中的資訊不太可能會詳細到可以做像在圖 5.1 所描述的分析。

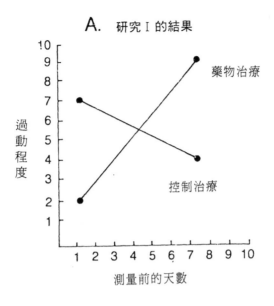

A. 研究 I 的結果

過動程度

藥物治療

控制治療

測量前的天數

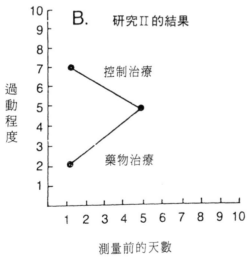

B. 研究 II 的結果

過動程度

控制治療

藥物治療

測量前的天數

圖 5.1 兩種治療過動兒的假設研究結果

在量化回顧中的互動

在量化回顧中,將互動的效應做統計合併是一個非常複雜的任務,事實上,回顧很少將檢驗相同互動的研究之統計結果加以合併(在人格和實驗者期望的研究中,第一個設計來的是期望效應的測量,而分析人格對其的主效應;若需要互動的例子,Zuckerman, DePaulo & Rosenthal, 1981),這有部分是因為研究很少檢定相同的互動,而另有部分是因互動的很多檢定報告是不完整的。

有兩個不同的方法將不同研究中的互動,加以統計上的合併,第一,與每一個研究的互動檢定有關之分別的 p 水準和關係強度可以加以合計。另一個不同的策略是在第三個變項的每一個層次中,分別合計兩個變項的關係,例如,過動的研究可能經由總合一天時間中所有的測量,而產生對治療效應的估計,而將這與總合七天時間所有的測量相比較。對讀者而言,這也許是比直接估計互動效應的程度還更有用,而且容易解釋的,但是,初探性研究報告很少包含需要孤立不同的簡單主效應之資訊。

合併獨立研究機率的技術

在以下的幾節中,將簡要的介紹一些回顧者可以使用的量化技術,會選擇這些技術,是因為其簡單與廣泛的應

用性，每一種技術的處理將會是概念與介紹性的，如果讀者想要這些技術完整的描述和很多未提及的技術，可以參考在內文中所引用的主要資料來源，後面的討論是假定讀者對基本的統計概念和用在社會科學的方法，已經有實際的知識。

在研究回顧中使用統計技術，有一個主要的原因是，合併與分別比較，以產生完整機率有關的機率程度，例如，如果某一個關係的三個檢定都發現在統計上有顯著的結果，而七個發現虛無結果，回顧者要下什麼樣的結論呢？合併機率的技術，讓回顧者可以綜合多個檢定的結果，因此可以做完整的結論。

對根據累積個別比較所產生之結論的效度，有三個重要的假設，第一個而且是最明顯一個是，進到累積分析的個別比較，應該都檢定相同概念性假設，不管其概念會有多廣或多窄，回顧者應該對所有的比較都在說明同一個問題的證明，覺得輕鬆。

第二，進到累積分析的分別比較，必須是彼此獨立的，確認獨立的比較會在資料評估的一章中討論到，量化回顧者必須小心地確認這些比較，所以可以辯稱每一個比較，都包含有關假設的獨特資訊。

最後，回顧者必須相信初探性研究者所做的重要假設，以計算比較的結果是有效的，因此，如果回顧者希望合併與一連串 t 檢定比較有關的機率，他或她必須假設兩個組的觀察、殘餘或誤差是彼此獨立而且是常態分配的，而且其變異數是大約相等的。

投票計算方法

　　合併獨立比較結果最簡單的方法是投票計算方法（vote counting method），投票計算可以在比較結果的方向或是統計上顯著發現的頻率下完成。

　　要完成有方向結果的投票計算，回顧者必須先計算以同一個方向（稱爲正向，爲了介紹的目的）報告其結果的比較之數目，並且將這和以另一個方向（稱爲負向）報告其結果的比較之數目做一比較。在這個分析中，回顧者忽略了個別發現的統計顯著性，一旦在每一個方向中結果的數目被計算出來，回顧者便可以進行符號檢定，以發現累進的結果是否建議某一個方向比偶然發生的次數要更多。如果虛無假設是真的話——也就是，如果所考慮的變項之間，沒有關係存在任何研究所抽樣的母體中——我們可以期望在每一個方向所發現的數目，會是相等的。

　　計算符號檢定的公式如下：

$$Z_{VC} = \frac{\left(N_p \right) - \left(\frac{1}{2} \times N_t \right)}{\frac{1}{2}\sqrt{N_t}} \tag{1}$$

其中：

　　Z_{vc}=所有比較的標準常態離差，或是 Z 分數；

　　N_p=正向發現的數目；和

　　N_t=比較的總數（正向加上負向發現）。

Z_{vc} 可以從標準常態離差的表格，找出與方向的發現累積有關的機率（單尾），如果需要兩尾的 p 水準，表格中的值應該爲兩倍，與不同的 p 水準有關的 Z 值則可在表 5.1 中找到。

例如，如果三十六個比較中的二十五個發現結果是在正向，那在母體中有相同機會發生正向與負向結果的機率是 p<.02（兩尾檢定；Z_{vc}=2.33），因此，這個結果會導致回顧者做一連串的研究都支持正向關係的結論。

方向性的投票計算有一個實際的問題是，初探性研究者通常都不報告其結果的方向，特別是如果比較的結果證明在統計上是不顯著之時，另一個投票計算方法是，只對報告其正向結果在統計上顯著者的次數，相對於負向結果在統計上顯著者的次數，來進行符號檢定。在進行這個步驟時，回顧者假設，在任何研究的母體是沒有關係的虛無假設之下，會期望顯著正向的次數和負向結果（在虛無的情況下，爲型 I 過誤）是相等的（Hedges & Olkin, 1980）。

表 5.1　標準常態離差分配表

γ	$\alpha'' = 1 - \gamma$	$\alpha' = \dfrac{1}{2}(1 - \gamma)$	z
.995	.005	.0025	2.807
.99	.01	.005	2.576
.985	.015	.0075	2.432
.98	.02	.01	2.326
.975	.025	.0125	2.241
.97	.03	.015	2.170
.965	.035	.0175	2.108
.96	.04	.02	2.054
.954	.046	.023	2.000
.95	.05	.025	1.960
.94	.06	.03	1.881
.92	.08	.04	1.751
.9	.1	.05	1.645
.85	.15	.075	1.440
.8	.2	.10	1.282
.75	.25	.125	1.150
.7	.3	.150	1.036
.6	.4	.20	0.842
.5	.5	.25	0.674
.4	.6	.30	0.524
.3	.7	.35	0.385
.2	.8	.40	0.253
.1	.9	.45	0.126

$\gamma = $ -z 和 z 之間的區域=信賴係數。

$\alpha' = \dfrac{1}{2}(1 - \gamma) = $ z 以上的區域= -z 以上的區域=單尾檢定之顯著水準。

$\alpha'' = 1 - \gamma = 2\alpha' = $ -z 和 z 以外的區域=兩尾檢定之顯著水準。

資料來源：Noether（1971）。

　研究文獻之回顧與整合

但是，回顧者應該記住，在虛無假設之下，期望無顯著發現的數目，會遠大於正向顯著發現或負向顯著發現的數目，因此，要檢定三種不同層級的結果（正向、負向和無顯著發現）之次數是否相等是不適合的。Hedges 和 Olkin（1980）的研究已經顯示其結果，如果回顧者做了當沒有任何關係存於母體中的假設時，正向、負向和無發現的數目將會相等，那投票計算方法就是非常的保守（也就是，很可能漏失了確實存在的關係）。例如，假設存在於母體的兩個變項之間的相關係數為 r=+.30，而且進行了二十個比較，而在每一個比較中都有四十個人，如果使用每一個發現的數目都相等的假設的話，那與這一連串研究有關的投票計算，將會是顯著的機會只有 p=.059！

　　調整三個發現的期望次數，以便考慮期望不顯著發現的不對稱數目，可以解決理論上的問題，但是會產生實用上的問題。我們已經看到無顯著結果是最不可能被研究者所報告的，所以也最不可能被回顧者取得。因此，如果在投票計算分析中使用適當的理論價值，通常正向和負向結果都會出現比期望中的還要頻繁的現象應該會發生，所以在投票計算的步驟中使用不顯著發現的次數，看起來是值得懷疑的值。

　　總而言之，回顧者可以藉由比較在兩個方向中，原始方向發現的數目，或顯著發現的數目，來進行投票計算，以合併個別研究的結果。這兩種步驟都將是保守的（也就是，將會漏失掉確實存在的關係），因為大部分的資訊都將會失去——結果的原始方向將不會出現在很多研究報告

中是一種情況，而不顯著的發現無法對分析有所貢獻，則是另一種情況。投票計算應該常在量化的回顧中被描述，但是應該只有當被合計的研究數目很大時，可以用來做推論，以及應該總是以更敏感的過程加以補充。

合併顯著性檢定

Rosenthal（1978b）將七種不同的方法分類，以用來做爲他們基本資料之精確機率值的累積結果，這七種方法最簡單和最規律的應用將會在此呈現，被 Rosenthal 稱爲 Z 分數加總（Adding Zs）的方法，第一次是由 Stouffer 在 1949 年所介紹的。

Z 分數加總的方法使用以下的公式：

$$Z_{st} = \frac{\sum_{i=1}^{N} Z_i}{\sqrt{N}} \tag{2}$$

其中：
Z_{st}=所有比較的標準常態離差，或是 Z 分數；
Z_i=第 i 個比較的標準常態離差；
N=一連串比較的總數。

進行此分析的步驟很簡單，回顧者必須：

1. 選擇假設的正負方向；
2. 記錄與每一個比較有關的機率；
3. 如果所報告的機率是兩尾的，則取其一半之值；
4. 檢查與每一個機率有關的 Z 分數；
5. 將 Z 分數總加，記得要在負向結果之前放一個負號；
    以及
6. 將這總和除以比較數目的平方根。

Z_{st} 的結果以可從標準常態離差的表格（請看表 5.1），找出與個別機率的累積有關的機率，如果需要兩尾的機率，表格中的 p 水準應該要雙倍。機率描述了合併的希望，包括在分析中的一連串結果可能是偶然產生的，如果虛無假設對每一個研究都是真的。

表 5.2 呈現了 Z 分數加總方法的假設性應用，要注意的是，假設的研究 2 與 7 產生了完全虛無的結果（也許是因為不確實的報告），研究 1 和 5 則得到統計上顯著的結果，而研究 4 得到和預測相反的結果。

表 5.2　合併八個比較的假設範例

研究	參與者的數目（N）	N^2	單尾 p 水準	相關之 Z 分數	NZ
1	48	2304	.025	1.96	94.08
2	28	784	.50	0	0
3	32	1024	.33	.44	14.08
4	24	576	.90	-1.28	-30.72
5	64	4096	.01	2.33	149.12
6	40	1600	.39	.28	11.20
7	20	400	.50	0	0
8	30	900	.15	1.04	31.20
Σ	286	11684		4.77	268.96

Z 分數加總：$Z_{st} = \dfrac{4.77}{\sqrt{8}} = 1.69$，p<.0461，單尾。

加權 Z 分數加總：$Z_w = \dfrac{268.96}{\sqrt{11684}} = 2.49$，p<.0064，單尾。

$$N_{FS\,05} = \left(\frac{4.77}{1.645}\right)^2 - 8 = .41 \text{（或 1）}$$

註：.90 的單尾 p 水準是來自發現方向與其所預測相反之研究（因此相關聯之 Z 分數為負）

　　Z 分數加總法能加以調整，以便使回顧可以不同地加重不一樣比較的結果（Mosteller & Bush, 1954; Rosenthal, 1978b），例如，如果幾個比較都來自於同一個研究，回顧者也許想使這些比較的比重少於來自另一個研究的單一比較，或者回顧者也許想增加根據大樣本的研究之比重。

　　加權 Z 分數加總法（Adding Weighted Zs）的公式為：

$$Z_w = \frac{\sum_{i=1}^{N} W_i Z_i}{\sqrt{\sum_{i=1}^{N} w_i^2}} \tag{3}$$

其中：

Z_w=加權後研究合併的 Z 分數；

W_i=與每一研究有關的加權因素；和前面所定義的所有其他項。

表 5.2 呈現了加權 Z 分數加總的方法，其加權因素爲研究樣本的大小之假設例子。

防止失準分數 N

我們曾經提過好幾次了，並不是所有的比較都會有相同的可能性被回顧者找到，結果不顯著者比顯著較不可能被找到，這個事實意味著 Z 分數加總法，會產生一個低估的機率水準（型 I 過誤的機會），Rosenthal（1979a）寫到「這個問題的極端觀點……是期刊中充斥著 5%顯示型 I 過誤的研究，當回到實驗室中卻充斥著 95%結果不顯著（例如，p<.05）的研究」（p.638），問題可能不是這麼戲劇化，但是確真實存在著。

使用 Z 分數加總法的其中一個優點是它可以計算防止失準分數 N（Fail-safe N）（Cooper, 1979; Rosenthal, 1979a），

防止失準分數 N 回答了以下的問題：「要改變關係存在的結論，需要將多少個虛無假設確定（$Z_{st}=0$）的比較加入所找到的比較結果中呢？」Rosenthal（1979a）稱此爲「對未來虛無結果的忍受度」，當所選定的顯著水準爲 p<.05 時，計算這個數目的公式如下：

$$
N_{FS.05} = \left(\frac{\sum_{i=1}^{N} Z_i}{1.645} \right)^2 - N \tag{4}
$$

其中：

$N_{FS.05}$=需要提升正好 p<.05 以上合併機率之增加虛無總和比較的數目；

1.645 =與 p<.05 有關（一尾檢定）的標準常態離差；和以前所定義的其他所有的量。

很明顯地，當研究加重的比例不相等時，就無法計算防止失準分數 N，除非回顧者希望估計未被取得之比較的平均加權——頂多是模糊的估計，表 5.2 中是一個防止失準分數 N 的假設例子。

防止失準分數 N 是一個有價值的描述統計，它讓回顧的使用者可以評估回顧累積的結果，相對於他們對回顧者所搜尋的文獻之詳盡程度的評量，但是，防止失準分數 N 也包含了一個限制其效度的假設，也就是它的使用者必須

找到，未取得之研究的總和恰好等於虛無結果的定理爲可信的，也許這些未被取得研究之累積和回顧中所包含的正相反——也許是因爲初探性研究者不希望刊出和那些已經出版的研究之結果，正好相反的研究，或是未被取得的研究會增加對結論的支持，因爲回顧者忽略了與其所用之研究平行的資訊管道，當解釋防止失準分數 N 時，這些其他好像有道理的可能性應該總是加以評估。

防止失準分數 N 在什麼時候會大到足以使回顧者和讀者可以論定，某一個發現是可以對抗未被取得的虛無結果呢？Rosenthal（1979b）建議阻力數目應等於所取得研究數目的 5 倍加 10。很明顯的並沒有不變的規則，所以每一次應用公式時，回顧者應該重新再辯稱其發現的對抗性，具對抗性之發現的最佳論點是很大的防止失準分數 N 以及廣泛的搜尋策略。

合併原始資料

對合併獨立研究結果最需要的技術，是從每一個相關的比較中整合原始資料，可以將分別的資料點放入變異數分析或複迴歸分析中，很明顯地，很少見到原始資料的整合是可以完成的例子，原始資料很少被包括在研究報告中，而想要從研究者手上取得原始資料，結果通常是失敗的（請看第 4 章）。

但是，整合原始資料也還是能得到益處的，如果回顧者已經找到了與每一個比較有關的平均數和標準差。使用

平均數和標準差的一個問題是在分別比較中，依變項的測量彼此之間通常不是相對等的——也就是說，他們使用不同的工具和不同的間距值，當然，回顧者在每一個比較中能夠標準化其測量，以使它們相對等，但是，在初探性研究報告中，很少會報導個別群組的平均數和標準差，雖然當然不會像報導原始資料那樣稀少。

總之，從分別的比較來分析原始資料，對累續結果來說是最適宜的策略，在其他較不適當的合併結果方法被使用之前，回顧者應期望的是分析的層級及其可行性之評估，但是，事實上是很少使用這技術的。

合併結果與研究所得到的證據

在第 2 章中曾經討論研究所得到的和回顧所得到的證據之間的區別，也曾指出發表研究所得的證據，當單一研究包含直接檢定所考慮之關係的結果時，每一個被整合的個別比較有一些有關考慮中的假設，因此，如果個別比較隨機指派參與者到不同的條件中，以便找出因果機制的話，那這些比較的合併結果會和那些因果機制相關。根據投票計算與合併機率，回顧者可以證明因果關係，如果事實上初探性研究包括了實驗的操弄，以檢驗與結果共變的研究方法所得到的證據，則無法做相似的保證。

研究回顧的例證：在實驗室實驗中，人際期望效應的人格調節者之回顧計算了五個合併的 Z 分數和機率，每個假設一個合計，以研究為分析的單位，而且每個研究都有

相同的比重，結果發現對社會影響需求較大的實驗者，比較可能產生人際期望效應。根據八個研究，合併的 Z 分數為 2.94，而相關的 p 水準為.0032，兩尾檢定。防止失準分數 N，需要提升合併機率到 p=.05 以上（兩尾檢定）之虛無總和研究的數目為 10.02，或 11（10 個研究會剛好在 p=.05 以下）。

　　實驗者的表現和人際期望之檢定指出，與實驗者偏見無顯著關係，雖然在這兩種情況下的關係都是正向的（對表現而言，N=3，Z=1.79，p<.0734，兩尾檢定；對人際期望而言，N=4，Z=1.71，p<.0872，兩尾檢定），參與對象的影響力和解碼技巧兩者都和期望效應的出現有關（對影響力，N=11，Z=2.21，p<.027，兩尾檢定；對解碼技巧，N=7，Z=2.60，p<.0094，兩尾檢定）。

　　研究設計對問卷回收率的效應之回顧，出現了難得的可以合併原始資料的機會，九十三個相關的研究全都報告其原始資料，在這情況下，原始資料由所接觸人的數目和回應人的數目所組成，此外，回答或是不回答的這個依變項在所有的研究中都是相同的。例如，八千五百七十七個人參與了是否有提供金錢誘因之實驗操弄的研究，其中，55.5%的參與者有收到金錢誘因而寄回問卷，而 35.2%的參與者沒有收到金錢誘因但寄回問卷，與這有關的卡方值為188.1，是非常顯著的值，根據每一個研究中所接觸人的數目，給予使用在這些分析中的比例不同之比重，因此樣本較大的研究比樣本較小者對整個的結果有比較大的貢獻。

測量關係的強度

以上所描述的統計步驟之主要功能是在，幫助回顧者接受或拒絕虛無假設，當然，虛無假設在檢定「在任何研究中都沒有關係」的假設相對於其他所有的。大部分的初探性研究者單單滿足於確認假設有一些解釋值——也就是，拒絕虛無假設。這種是非題的普遍性，有一部分是因為社會科學最近的發展，社會假設是以第一個出現接近事實而被粗略的描述，而這對解釋人類行為是多有力的變項呢，以及多有競爭力的解釋呢，而這些問題很少被提及，但是，如同理論的複雜化在增加，也有更多的社會科學家在進行有關關係大小的調查。

給予「有多少？」問題進一步的原動力，是虛無假設顯著性檢定本身的逐漸覺醒，一個虛無假設是否能被拒絕，細查之下和特定的研究計畫有密切的關聯，如同先前所提到的，如果參與者的數目很多或是使用很敏銳的研究設計，會拒絕虛無假設是不會令人驚訝的，在研究回顧中，這個事實變得更為明顯。

拒絕虛無假設並不保證達到重要的社會洞察力，此論點是由 David Lykken（1968）所提出的：「統計顯著性也許是一個好的實驗最不重要的貢獻，從來就沒有足夠的條件主張一個理論已經被有用地確認、一個有意義的實驗事實已經建立、或是一個實驗報告應該被發表」（p.151）。回答「有多少？」的問題比回答「它與零有所不同嗎？」

的問題讓有關解釋值有更明確的判斷，而且，如同我們將會看到的一樣，後面的這個問題能夠被以一個在我們「有多少？」之估計的信賴區間所回答。

效應大小的定義

為了有意義地回答「有多少？」的問題，關係強度的觀念之定義，或較常被稱為效應大小（effect size, ES）的是什麼，必須有一致的共識。同時我們也需要量化地表示關係程度的方法，在《行為科學中的統計檢定力分析》（Statistical Power Analysis for the Behavior Sciences）一書中，Jacob Cohen（1988）發表了一個非常完整和有用的效應大小之定義檢驗（也請參考 Lipsey，出版中），Cohen 給效應大小的定義如下：

> 沒有預定任何因果關係的必要意涵，使用「效應大小」一詞是便於意指「在母體中現象出現的程度」或「虛無假設是錯誤的程度」，根據以上的途徑，現在可以很清楚，當虛無假設是錯的時候，某些特定的程度是錯的，也就是效應大小（ES）是在母體中一些特定非零的值，便可以明白這個值越大，則此研究所檢驗之現象的程度也就越大。（p.9-10）

圖 5.2 呈現了三個可以說明 Cohen 之定義的假設關係，

假定這些結果來自於比較過動兒的藥物治療與安慰劑之三個實驗，圖 5.2A 顯示了虛無關係，也就是給予藥物的樣本兒童有一個平均數，而其過動分數的分配和以安慰劑治療孩童的分數是一樣的。在圖 5.2B 中，接受藥物治療的小孩其平均略高於接受安慰劑的小孩，而在圖 5.2C 中，兩種治療之間的差異就更大了。效應大小的測量必須顯示三種結果，所以與零的差異越大，則是指較高的效應值。

Cohen 的書中包括了很多不同的矩陣來描述關係的強度，每一個效應的大小指標都和特定的研究設計有關，在某種意義上與兩個群組間之比較有關的 t 檢定、與多個群組設計有關的 F 檢定、以及與次數分配表有關的卡方檢定很類似。用來描述關係強度的兩個初級矩陣和一個次級矩陣將會顯示在下面，這些矩陣一般來說是有用的——幾乎任何研究結果都可以用其中一種來表示。如需要有關這些效應大小矩陣的更詳細資訊，以及其他更多的資訊，讀者可以參考 Cohen（1988）。

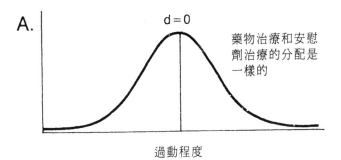

A. d = 0

藥物治療和安慰劑治療的分配是一樣的

過動程度

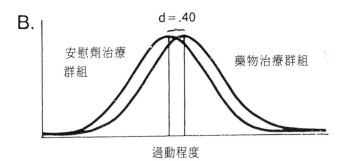

B. d = .40

安慰劑治療群組

藥物治療群組

過動程度

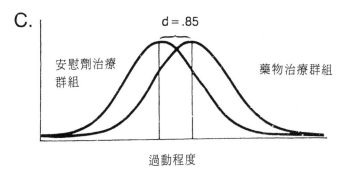

C. d = .85

安慰劑治療群組

藥物治療群組

過動程度

圖 5.2 三個比較過動兒在藥物治療與安慰劑實驗的假設關係

但是，我們仍強烈建議初探性研究者和研究回顧者，不要將效應估計使用在多重自由度檢定，即使 Cohen 列出了其中的一些。所有的效應大小應該表示爲（1）如同兩個群組間的比較；（2）如同兩個連續變數之間相關的測量；或是（3）如同其他單一自由度對比法，如果有包括多個群組的話。這個限制背後的理由很簡單，在變異數分析中，多重自由度的 F 檢定告訴我們整個群組平均中是否有顯著的變動，但是卻沒有告訴我們那一些群組彼此之間有很顯著的差異。因此，在所有的情況下，多重自由度的顯著性檢定之後，跟隨著單一自由度比較是必要的，而與這些檢定有關的效應大小，也應該是一樣的。如果初探性研究者或研究回顧者精確地定義問題，他（她）應該能夠確認，單一自由度推論檢定和每一個比較的效應大小，所以，以下的討論僅限於與單一自由度檢定相同的矩陣。

d 指數

　　當比較兩個群組的平均數時，效應大小的 d 指數（d-index）是適合的，因此，d 指數一般是根據兩個條件比較，而與 t 檢定或 F 檢定一起使用，d 指數表示兩個群組平均數之間的距離，而以其共同的標準差來表示，例如，如果 d=.40，這是指以標準差的 4/10 來區分兩個平均數。

　　在圖 5.2 中的是用來說明 d 指數的假設研究結果，在支持虛無假設的研究結果中（圖 5.2A），d 指數等於零，也就是藥物治療和安慰劑群組平均數之間沒有距離。第二

個研究結果（圖 5.2B）透露了 d 指數為.40，這也就是藥物治療群組的平均數位於安慰劑群組平均數之前 4/10 個標準差。在第三個例子中，d 指數為.85，在這裡有較高平均數的群組（藥物治療者）有一個平均數是位在較低平均數群組（安慰劑）的平均數之前 85/100 個標準差。

計算 d 指數的方法很簡單，公式如下：

$$d= \frac{X_{i.} - X_{2.}}{SD} \qquad (5)$$

其中：

X_1 和 X_2 =兩個群組的平均數；

SD=兩個群組的平均標準差。

d 指數的公式假設兩個群組有相等（或大約相等）的標準差，在研究者不希望做兩個群組的標準差是相等的假設之情況下，d 指數能以使用其中一個群組或另一個群組——通常是控制群組，如果可能的話——的標準差來計算得到。

d 指數不只計算很簡便，而且也是不需要量表的，也就是在公式中，分母中標準差調整意謂著對使用不同測量量表的研究，可以加以比較或合併。

在很多情況下，回顧者將會發現，初探性研究者不報導其個別群組的平均數和標準差，而這是回顧者想要比較的，在這種情況下，Friedman（1968）提供了一個不需要回

顧者有特定的平均數和標準差之 d 指數的計算公式，這個
公式如下：

$$d = \frac{2t}{\sqrt{df_{error}}} \qquad\qquad (6)$$

其中：
　　t =與比較相關的 t 檢定值；
　　df_{error}=與 t 檢定相關的自由度。

　　在報告有一個自由度的 F 檢定為分子的情況中，在上
面這公式中，t 值可以換成 F 值的平方根（t=$\sqrt{F}$），如果
平均差的符號知道的話。

　　Cohen（1988）也發表了一個與 d 指數有關的測量，稱
為 U_3，U_3 告知了樣本百分比和超過在較高平均群組中 50%
分數的較低平均，以較口語的說法，U_3 回答了「較高平均
群組的平均分數超過了較低平均群組中百分之幾的分
數？」這個問題。表 5.3 為將 d 指數轉換為 U_3 的值，例如，
在圖 5.2B 中的 d 指數與 65.5%的 U_3 值有關聯，這是代表高
平均（藥物治療）群組中的平均分數超過在低平均（安慰
劑）群組中 65.5%的分數。對圖 5.2C 來說，與 d 指數為.85
相關的 U_3 為 80.2，因此，高平均（藥物治療）群組中的平
均分數超過在低平均（安慰劑）群組中 80.2%的分數。

　　Hedges（1980）表示 d 指數也許稍微高估了在整個母
體中效應的大小，但是，這偏誤是極小的，如果與 t 檢定有

關的自由度會超過 20 的話，如果回顧者根據小於 20 的樣本，從初探性研究來計算 d 指數，應該可以應用 Hedges（1980）的調整因素。

r 指數

第二個效應大小為 r 指數（r-index），就是 Pearson 積乘相關係數，大部分的社會科學家都很熟悉這個 r 指數，但是 r 指數的公式需要變異數與共變數，所以很少能從初探性研究報告中所得到的資訊來計算之，很幸運地，在大部分的情況下，r 指數是可應用的，初探性研究者確實報導此值，如果只有給與 r 指數有關的 t 檢定值，r 指數值便可用以下的公式來計算：

$$r = \sqrt{\frac{t^2}{t^2 + df_{error}}} \tag{7}$$

同樣地，當以 2×2 表為主的卡方統計值出現時，r 指數能如以下的公式來估計：

$$r = \sqrt{\frac{\chi^2}{n.}} \tag{8}$$

其中：

χ^2=與比較有關的卡方值；

n.=在比較中觀察的總數。

Cohen 以稱其為 w 指數（w-index）來區分與卡方有關的效應大小，但是事實上當 df=1 時，它和 r 指數是相等的。

最後，回顧研究者可能會提出一個問題，不同的初探性研究者可能會選擇不同的矩陣以研究相同的現象。例如，人格與人際期望效應之間關係的回顧中，一些初探性研究者將人格變項分成為「高」和「低」二組，再使用 t 檢定以測量其統計顯著性，其他的研究者則讓人格量表保持其連續變項的形式，並且將它們與期望效應的連續測量相關。當這種情況發生時，回顧者必須將一個矩陣轉換成為另一個矩陣，所以可以在研究回顧中使用單一矩陣。這是很方便的，不同效應大小的矩陣很容易從其中一個轉換成另一個，可以運用下面這個公式將 r 指數轉換為 d 指數：

$$d = \frac{2r}{\sqrt{1-r^2}} \qquad (9)$$

或是將 d 指數轉換成為 r 指數，用：

$$r = \frac{d}{\sqrt{d^2 + 4}} \qquad (10)$$

表 5.3 中是一些效應測量之間的等值關係。

表 5.3　效應之不同測量間的等值表

d	U₃	r	r²
0	50.0%	.000	.000
.1	54.0	.050	.002
.2	57.9	.100	.010
.3	61.8	.148	.022
.4	65.5	.196	.038
.5	69.1	.243	.059
.6	72.6	.287	.083
.7	75.8	.330	.109
.8	78.8	.371	.138
.9	81.6	.410	.168
1.0	84.1	.447	.200
1.1	86.4	.482	.232
1.2	88.5	.514	.265
1.3	90.3	.545	.297
1.4	91.9	.573	.329
1.5	93.3	.600	.360
1.6	94.5	.625	.390
1.7	95.5	.648	.419
1.8	96.4	.669	.448
1.9	97.1	.689	.474
2.0	97.7	.707	.500
2.2	98.6	.740	.548
2.4	99.2	.768	.590
2.6	99.5	.793	.628
2.8	99.7	.814	.662
3.0	99.9	.832	.692
3.2	99.9	.848	.719
3.4	*	.862	.743
3.6	*	.874	.764
3.8	*	.885	.783
4.0	*	.894	.800

資料來源：Cohen（1988）。
*大於 99.95。

影響效應大小的統計因素

　　除了一個變項對另一個變項「真正的」影響之外，還有很多因素會對實證研究中的關係程度造成影響，在更重要的統計因素中，這裡將只討論其中一些會影響效應大小的因素，這介紹大部分是概念性的，需要對這些議題更詳細與技術上的討論，建議讀者參考 Glass 等人（1981）。

　　第一個會影響關係程度的統計因素是包括在研究中的測量信度，測量越不「純」，越沒有能力找出變項的關係，要估計無信度測量在研究回顧中，對效應大小估計的影響，回顧者可以試著取得不同測量的信度（例如，內在一致性）。用這些來看效應大小是否和測量的信度相關，或是估計效應的大小會是多少，如果所有的測量都是完全可信的話（需要更詳細的有關如何進行此估計，請看 Hunter 等人，1982）。

　　第二個對效應大小估計的統計影響，是用來估計群組平均數變異的標準差之選擇，如前面所指出，大部分的回顧者無法選擇，只能做兩個群組彼此之間的標準差是一樣的假設，因為必須從一相關聯的顯著性檢定來估計效應大小，而這也必須做這樣的假設。但是，在有關標準差的資訊是可得的，而且它們看起來是不相等的情況下，回顧者應該總是選擇其中一組的標準差，以做為估計之用（例如，在 d 指數的分母），但如果比較實驗和控制組，則應該用控制組的標準差。對 U_3 指數來說，這可讓回顧者說明，與沒有實驗處理的母體相比較之實驗處理的影響，例如，「接受治療者的分數平均高於 X% 未接受治療的母體」。

第三個效應大小的統計影響是小樣本的偏誤，除了在效應大小估計時的偏誤之外，回顧者在根據小樣本，來解釋任何效應大小時應該很注意，例如，當樣本大小小於 10 之時。特別是當樣本很小時，單一極大或極小值會造成特別大的效應大小估計。

第四個對效應大小的統計影響是在研究設計中所使用的因素數目，如果研究設計中包括了想研究的變項以外的因素，例如在變異數分析或複迴歸分析中，回顧者面對使用因加進額外因素，而已經降低的標準差估計，或是試著取得所有無關的因素都已被忽略，而所得之標準差（也就是包括誤差估計）。當可能的時候，回顧者應該使用較後面的這個策略；也就是說，應該要嘗試去計算效應大小，就如同想做的比較是在分析中唯一的比較。但是，實際上說來，回顧者通常很不容易取得這整個的標準差估計，在這種情形下，回顧者應該檢驗包括在實驗中的因素數目是否與實驗效應的大小有關聯。

合併不同研究的效應大小

一旦每一個研究或比較的效應大小都已計算了，下一步回顧者要將檢定相同假設的效應加以平均，一般會接受根據在他們個別樣本中受試者的數目，而以這平均來給個別效應大小加權，這是因為，例如，根據一百個受試者的 d 指數或 r 指數比根據十個受試者所做的估計，將會對母體效應大小的估計更為精確和可信，平均效應大小應該會反映

這個事實。

當計算平均效應大小時,一個考慮樣本大小的方法是,將每一個效應乘上其樣本大小,然後將乘積的總和除以樣本大小的總合,但是,Hedges 和 Olkin(1985)詳細敘述了一個更精確的步驟,雖然包括更複雜的計算,但是有很多的優點。

d 指數:對 d 指數而言,這個步驟首先包括對加權因素,w_i,的估計,這 w_i 是與每一個 d 指數估計有關的變異數之倒數:

$$w_i = \frac{2\left(n_{i1} + n_{i2}\right)n_{i1}n_{i2}}{2\left(n_{i1} + n_{i2}\right)^2 + n_{i1}n_{i2}d_i^2} \quad\quad (11)$$

其中:

n_{i1} 和 n_{i2}=比較第一組和第二組中資料點的數目和;
d_i=考慮中比較的 d 指數。

當 w_i 的公式看起來很壯觀時,其實是很簡單的,應該只是在過錄表上可取得的三個數目之算術運算,要規劃電腦統計套裝程式以進行必要的計算也是很容易的。

表 5.4 中是與七個研究結果有關的組樣本大小、d 指數、和 w_i 樣本是從家庭作業研究的部分回顧所蒐集的真實資料中抽取出來的,七個研究的每一個都是將只指定當天在課堂中有涵蓋之部分的家庭作業,和將家庭作業分散在數天的指定,而比較其成就的效應,所有七個實驗都產生了

分散作業較好的結果。

　　要更進一步說明加權的因素，必須注意的是，其值大約等於在一群組中樣本大小平均的一半，所以不會太令人意外的是，下一步要獲得加權的平均效應時，就是將每一個 d 指數乘上其權數，再除以權數之總和，其公式如下：

$$d.=\frac{\sum\limits_{i=1}^{N}d_i w_i}{\sum\limits_{i=1}^{N}w_i} \tag{12}$$

　　其中的所有項目都定義如前面所示的，從表 5.4 中可以發現七個研究的平均加權 d 指數為 d=.115。

　　使用 w_i 而非樣本大小做為加權的優點是，能用 w_i 來對平均效應大小估計得到其精確的信賴區間，要這樣做，必須計算平均效應大小的估計變異數，首先，先找到 w_i 總和的倒數，然後，此變異數的平方根乘以與想測之信賴區間有關的 Z 分數，因而 95%信賴區間的公式應該如下：

$$CId_{.95\%}=d. \pm 1.96\sqrt{\frac{1}{\sum\limits_{i=1}^{N}w_i}} \tag{13}$$

其中所有項目的定義皆如前。

表 5.4 顯示了七個研究的 95%信賴區間，其包括了平均 d 指數之上和之下.084 值，因此，我們可以預期此效應估計的 95%會落在 d=.031 和 d=.199 之間，要注意此區間不包含 d=0 的值，可以用這個資訊來檢定在母體中沒有關係存在的虛無假設，以代替前面所討論的合併機率步驟。在目前的例子中，我們可以拒絕只做當日功課的學生與分散作業的學生之間成就無差異的虛無假設。

表 5.4　d 指數估計和同質性檢定之範例

研究	n_{i1}	n_{i2}	d_i	w_i	d_i^2/w_i	d_i/w_i	Q_b分組
1	259	265	.02	130.98	.052	2.619	A
2	57	62	.07	29.68	.145	2.078	A
3	43	50	.24	22.95	1.322	5.509	A
4	230	228	.11	114.32	1.383	12.576	A
5	296	291	.09	146.59	21.187	13.193	B
6	129	131	.32	64.17	6.571	20.536	B
7	69	74	.17	35.58	1.028	6.048	B
Σ	1083	1101	1.02	544.27	11.69	62.56	

$d = 62.56/544.27 = +.115$

$CId_{95\%} = .115 \pm 1.96 \sqrt{\dfrac{1}{544.27}} = .115 \pm .084$

$Q_t = 11.69 - \dfrac{62.56^2}{544.27} = 4.5$

$Q_w = 1.16 + 2.36 = 3.52$

$Q_b = 4.5 - 3.52 = .98$

　　r 指數：要找出平均加權效應大小和信賴區間的步驟是比較簡單，當使用 r 指數之時，在這裡，每一個 r 指數都先

轉換成與其相當的 z 分數，z_i，再應用以下的公式：

$$z. = \frac{\sum_{i=1}^{N}(n_{i.}-3)z_i}{\sum_{i=1}^{N}(n_{i.}-3)} \qquad (14)$$

其中 $n_{i.}$ =第 i 個比較之樣本大小的總和，而其他所有的項目則如前所定義的。

而信賴區間的公式則是如下：

$$CI_{z.95\%} = z. \pm \frac{1.96}{\sqrt{\sum_{i=1}^{N}(n_{i.}-3)}} \qquad (15)$$

其中所有的項目都定義如前。

表 5.5 中所顯示的 r 到 z 之轉換是進行步驟所需的，一旦建立了信賴區間，回顧者可以回到表 5.5，以取得相對應的 r 指數（平均 r 和信賴區間的上下限）。

表 5.5　r 到 z 之轉換表

r	z	r	z	r	z	r	z	r	z
.000	.000	.200	.203	.400	.424	.600	.693	.800	1.099
.005	.005	.205	.208	.405	.430	.605	.701	.805	1.113
.010	.010	.210	.213	.410	.436	.610	.709	.810	1.127
.015	.015	.215	.218	.415	.442	.615	.717	.815	1.142
.020	.020	.220	.224	.420	.448	.620	.725	.820	1.157
.025	.025	.225	.229	.425	.454	.625	.733	.825	1.172
.030	.030	.230	.234	.430	.460	.630	.741	.830	1.188
.035	.035	.235	.239	.435	.466	.635	.750	.835	1.204
.040	.040	.240	.245	.440	.472	.640	.758	.840	1.221
.045	.045	.245	.250	.445	.478	.645	.767	.845	1.238
.050	.050	.250	.255	.450	.485	.650	.775	.850	1.256
.055	.055	.255	.261	.455	.491	.655	.784	.855	1.274
.060	.060	.260	.266	.460	.497	.660	.793	.860	1.293
.065	.065	.265	.271	.465	.504	.665	.802	.865	1.313
.070	.070	.270	.277	.470	.510	.670	.811	.870	1.333
.075	.075	.275	.282	.475	.517	.675	.820	.875	1.354
.080	.080	.280	.288	.480	.523	.680	.829	.880	1.376
.085	.085	.285	.293	.485	.530	.685	.838	.885	1.398
.090	.090	.290	.299	.490	.536	.690	.848	.890	1.422
.095	.095	.295	.304	.495	.543	.695	.858	.895	1.447
.100	.100	.300	.310	.500	.549	.700	.867	.900	1.472
.105	.105	.305	.315	.505	.556	.705	.877	.905	1.499
.110	.110	.310	.321	.510	.563	.710	.887	.910	1.528
.115	.116	.315	.326	.515	.570	.715	.897	.915	1.557
.120	.121	.320	.332	.520	.576	.720	.908	.920	1.589
.125	.126	.325	.337	.525	.583	.725	.918	.925	1.623
.130	.131	.330	.343	.530	.590	.730	.929	.930	1.658
.135	.136	.335	.348	.535	.597	.735	.940	.935	1.697
.140	.141	.340	.354	.540	.604	.740	.950	.940	1.738
.145	.146	.345	.360	.545	.611	.745	.962	.945	1.783
.150	.151	.350	.365	.550	.618	.750	.973	.950	1.832
.155	.156	.355	.371	.555	.626	.755	.984	.955	1.886
.160	.161	.360	.377	.560	.633	.760	.996	.960	1.946
.165	.167	.365	.383	.565	.640	.765	1.008	.965	2.014
.170	.172	.370	.388	.570	.648	.770	1.020	.970	2.092
.175	.177	.375	.394	.575	.655	.775	1.033	.975	2.185
.180	.182	.380	.400	.580	.662	.780	1.045	.980	2.298
.185	.187	.385	.406	.585	.670	.785	1.058	.985	2.443
.190	.192	.390	.412	.590	.678	.790	1.071	.990	2.647
.195	.198	.395	.418	.595	.685	.795	1.085	.995	2.994

資料來源：Edwards（1967）。

表 5.6 中則有如何計算平均 r 指數的例子，顯示六個比較的資料，將一個學生報告其花在家庭作業的時間總數和此學生之成就水準相關聯起來，這些資料同時也是一真實資料檔的修正。平均 z_i 為.207，和間距從.195 到.219 的 95% 信賴區間。注意，此信賴區間並不是很寬，這是因為效應大小估計所根據的樣本很大的緣故，同時也要注意 r 到 z 轉換的結果，對 r 指數值中的兩個只有很小的改變，若 r 指數較大（例如，將.60 的 r 指數轉換成為.69 的 z；請看表 5.5）則不會這樣。如同前面的例子一般，r=0 並不包含在信賴區間中，因此，我們可以拒絕學生所報告，花在家庭作業的時間總數和他們的成就水準之間沒有關係的虛無假設。

表 5.6　r 指數估計和同質性檢定之範例

研究	n_i	r_i	z_i	n_i-3	$(n_i-3)z_i$	$(n_i-3)z_{i2}$	Q_b分組
1	1,021	.08	.08	1,018	81.44	6.52	A
2	1,955	.27	.28	1,952	546.56	153.04	A
3	12,146	.26	.27	12,143	3278.61	885.22	A
4	3,505	.06	.06	3,502	210.12	12.61	B
5	3,606	.12	.12	3,603	432.36	51.88	B
6	4,157	.22	.22	4,154	913.88	201.05	B
Σ	26,390	.85	.87	26,372	5464.97	1310.32	

$z = 5462.97/26,372 = .207$

$CIz_{95\%} = .207 \pm \dfrac{1.96}{\sqrt{26,372}} = .207 \pm .012$

$Q_t = 1310.32 - \dfrac{(5462.97)^2}{26,372} = 178.66$

$Q_w = 34.95 + 50.40 = 85.35$

$Q_b = 178.66 - 85.35 = 93.31$

研究回顧的例證：以上所顯示的兩個效應大小，都出現在回顧的例證說明中。

　　對過動兒藥物治療的回顧顯示了三個分別的結果，為了比較藥物治療和沒有使用安慰劑控制，d 指數平均數等於 +1.21，此程度的 d 指數是指在控制組的兒童平均比 88.5% 接受藥物治療的兒童過動的情形更嚴重，藥物治療與安慰劑控制的比較之 d 指數為 d=.84，或 U_3=79.9%；而用安慰劑與沒有安慰劑控制的比較，其 d 指數為.32 而 U_3 則是 62.5%。

　　在實驗室中之人格與人際期望效應之間關係的回顧，是用 r 指數來測量效應大小，在實驗者所需之社會影響力和人際期望效應的發生之間，發現有最大的平均相關 r=+.15。

　　最後，在對問卷回收率的研究設計效應之回顧中，所找到效應大小是以 r 指數（或根據 Cohen 的用詞為 w 指數）來表示的，但是在這種情形下，效應大小不是以在不同的研究中所找到的效應平均來計算的，相對地，因為可以取得其原始資料，所以總效應大小是根據累積的原始資料。例如，有和沒有給予金錢誘因對問卷回收之影響的分析中，發現有誘因是比較好的，r=+.15。

分析跨研究中效應大小的變異性

　　至目前為止所討論的分析步驟，已經說明了如何合併

分別研究的機率結果，以及如何產生關係強度的估計。另一組統計技術對找出為什麼效應大小會隨著研究的不同而有所變異，是很有幫助的，在這些分析中，不同研究中所發現的效應大小是依變項，而不同的研究特質是預測變項，因此回顧者可以問，在研究中兩個變項之間的關係程度，是否會受到設計或進行研究的方法之影響。

在表 5.4 和 5.6 中要注意一件有關效應大小的事，即效應的大小隨著比較的不同也會有所變動，對此變異的解釋不只是很重要，同時也代表了研究回顧最獨特的貢獻，經由進行對效應大小程度之差異的分析，回顧者可以看透影響關係強度的事實，即使這些事實從未在單一的實驗中被研究過。例如，假設在表 5.4 中所列的前四個研究是在小學中進行的，而後三個研究是在中學中進行的，兩個變項之間的關係強度，對在不一樣年級的學生會有所不同嗎？這個問題可以經由使用以下將描述的分析技術來回答，即使沒有單一的研究同時使用小學和中學兩種樣本。

以下將討論的技術也是從很多分析效應之變異的步驟中，只取一小部分，其描述是概念性和簡要的，而對那些公式的應用有興趣者，可以參考 Hedges 和 Olkin（1985）或 Rosenthal（1984）。

傳統的推論統計

第一個分析效應大小變異的方法，包括了初探性研究者所使用之傳統推論步驟的應用，因此，如果對過動兒藥

物治療的回顧者希望找出以男孩做比較，比起以女孩的來做比較，更會顯示出較強或較弱的效應，他（她）可以做完全用男孩的比較，相對於完全用女孩的比較，之間差異的 t 檢定，或是如果回顧者對效應大小是否會受治療和過動測量之間，延續的時間長度所影響感興趣的話，他（她）可以將在每一個比較中，延續的時間長度和其效應大小相關起來。在這個情況下，預測變項和依變項都是連續變項，所以與相關係數有關的顯著性檢定，是適當的推論統計。更複雜的問題是，回顧者可以將效應大小類分為多重因素組——例如，根據參與者的性別和年齡——再進行效應大小的變異數分析或複迴歸分析。在表 5.4 中，如果以單向變異數分析來比較前四個 d 指數和後三個 d 指數，其結果會是不顯著的。

標準的推論步驟原來是量化回顧者用來檢驗效應之變異的技術，Glass 等人（1981）詳述了這個方法是如何施行的，但是，在研究綜合分析時，使用傳統的推論步驟會產生至少兩個問題，第一個是，這些步驟並不檢定效應大小的變異是完全來自於抽樣誤差的假設（請看本章中前面主效應變異的討論）。所以，傳統推論步驟會顯示出設計特質和研究結果之間的關聯，而沒有指出在偶然的情形下，效應的總變異不會大於期望。

最後，因為效應大小可以根據資料點數目的不同（樣本大小），它們會有與其相關的不同抽樣變異。如果是這樣的話，則效應大小違反了傳統推論檢定中，變異數同質性的假設。

同質性分析

　　第二組技術解決了與傳統步驟有關的問題，同質性統計所問的問題是，效應大小中的變異和抽樣誤差所期望的會有顯著不同嗎？如果答案是不會的話，那一些方法學家建議回顧者應該在這裡結束其分析，偶然或抽樣誤差是最簡單和最省事的解釋。如果答案是會的話——也就是，如果效應大小比偶然所期望的變異顯著性地較大的話——那回顧者可以開始檢驗其他可能的變異來源。Rosenthal 和 Rubin（1982）以及 Hedges（1982a）都同時介紹一個同質性分析的途徑，這裡會給讀者由 Hedges 和 Olkin（1985）所發表的公式，和首先將描述使用 d 指數的步驟。

　　d 指數：為了檢定一組 d 指數是否為同質性的，回顧者必須計算被 Hedges 和 Olkin（1985）稱為 Q_t 的統計值：

$$Q_t = \sum_{i=1}^{n} w_i d_i^2 - \left(\sum_{i=1}^{n} w_i d_i \right)^2 \Big/ \sum_{i=1}^{n} w_i \qquad (16)$$

其中所有的項目都如前所定義的。

　　Q 統計有 N-1 個自由度的卡方分配，或是比比較的數目少一，回顧者從卡方值表以參照所獲得 Q_t 之值，如果所獲得之值大於所選定之顯著水準的卡方之評斷值（critical value），回顧者拒絕效應大小之變異只是由抽樣誤差所造成的假設，表 5.7 中便是所選定機率水準的卡方分配。

表 5.7　特定機率之卡方評斷值表

自由度	前半尾之機率					
	.500	.250	.100	.050	.025	.010
1	.455	1.32	2.71	3.84	5.02	6.63
2	1.39	2.77	4.61	5.99	7.38	9.21
3	2.37	4.11	6.25	7.81	9.35	11.3
4	3.36	5.39	7.78	9.49	11.1	13.3
5	4.35	6.63	9.24	11.1	12.8	15.1
6	5.35	7.84	10.6	12.6	14.4	16.8
7	6.35	9.04	12.0	14.1	16.0	18.5
8	7.34	10.2	13.4	15.5	17.5	20.1
9	8.34	11.4	14.7	16.9	19.0	21.7
10	9.34	12.5	16.0	18.3	20.5	23.2
11	10.3	13.7	17.3	19.7	21.9	24.7
12	11.3	14.8	18.5	21.0	23.3	26.2
13	12.3	16.0	19.8	22.4	24.7	27.7
14	13.3	17.1	21.1	23.7	26.1	29.1
15	14.3	18.2	22.3	25.0	27.5	30.6
16	15.3	19.4	23.5	26.3	28.8	32.0
17	16.3	20.5	24.8	27.6	30.2	33.4
18	17.3	21.6	26.0	28.9	31.5	34.8
19	18.3	22.7	27.2	30.1	32.9	36.2
20	19.3	23.8	28.4	31.4	34.2	37.6
21	20.3	24.9	29.6	32.7	35.5	33.9
22	21.3	26.0	30.8	33.9	36.8	40.3
23	22.3	27.1	32.0	35.2	38.1	41.6
24	23.3	28.2	33.2	36.4	39.4	43.0
25	24.3	29.3	34.4	37.7	40.6	44.3
26	25.3	30.4	35.6	38.9	41.9	45.6
27	26.3	31.5	36.7	40.1	43.2	47.0
28	27.3	32.6	37.9	41.3	44.5	48.3
29	28.3	33.7	39.1	42.6	45.7	49.6
30	29.3	34.8	40.3	43.8	47.0	50.9
40	49.3	45.6	51.8	55.8	59.3	63.7
60	59.3	67.0	74.4	79.1	83.3	88.4
	.500	.750	.900	.950	.975	.990
	後半尾之機率					

資料來源：Noether（1971）。

研究文獻之回顧與整合

對表 5.4 中所給的一組比較來說，Q_t 的值等於 4.5，根據 6 個自由度，在 p<.05 的水準時，卡方的評斷值為 12.59，因此抽樣誤差解釋了這些 d 指數的差異之假設無法加以拒絕。

檢定不同比較之間方法上或概念上的區分，在解釋效應大小之變異包括三個步驟，第一，對比較的每一個次組分別計算其 Q 統計值，例如要將表 5.4 中前四個 d 指數和後三個 d 指數做比較，每一組都要計算其分別的 Q 統計值，然後，將這些 Q 統計值總加起來，而成為一個稱為 Q_w 的值，再以 Q_t 減去該值，最後得到 Q_b：

$$Q_b=Q_t-Q_w \qquad (17)$$

其中所有的項目都如前所定義的。

使用統計 Q_b 來檢定組的平均效應是否為同質性的，它是參照以比組的數目少一為自由度的卡方表，如果平均 d 指數是同質的話，那組因素無法解釋背後與抽樣誤差相關的效應變異，如果 Q_b 超過評斷值，組因素則對效應大小的變異有顯著的貢獻。

在表 5.4 中，比較前四個和後三個 d 指數的 Q_b 是.98，此結果在 1 個自由度的情形下是不顯著的。

r 指數：在進行同質性分析中類似的步驟之 r 指數包括了以下公式：

$$Q_t = \sum_{i=1}^{N} \left(n_{i.} - 3 \right) z_i^{\,2} - \left[\sum_{i=1}^{N} \left(n_{i.} - 3 \right) z_i \right]^2 \bigg/ \sum_{i=1}^{N} \left(n_{i.} - 3 \right) \quad (18)$$

其中所有的項目都如前所定義的。

　　要比較 r 指數，分別應用這個公式到每一組中，而將這些結果，Q_w 總加起來，再以 Q_t 來減這個值，而得到 Q_b。

　　表 5.6 所呈現的是使用 r 指數來做同質性分析的結果，根據 5 個自由度的卡方檢定，Q_t 值為 178.66 是非常顯著的。當 r 指數的區間是從.08 到.27，看起來並不特別大時，Q_t 告訴我們在這些估計所依據的特定樣本大小之下，此區間太大了，以致於無法單獨由抽樣誤差來加以解釋，除了抽樣誤差以外的其他某些因素，很可能對 r 指數的變異有貢獻。

　　假定我們知道在表 5.6 中前三個相關係數是來自於中學生樣本，後三個是來自於小學生樣本，結果顯示檢定年級影響 r 指數程度的同質性分析其 Q_b 為 93.31，根據 1 個自由度的卡方檢定，這個值是非常顯著的。中學生之平均加權的 r 指數為.253，而小學生的為 r=.136，所以學生的年級是對為什麼 r 指數會變動的一個可能的解釋。

　　利用電腦統計套裝軟體：用手算來計算平均加權效應大小和同質統計是很花時間的，而且也很容易出錯，但現在可以利用主要的電腦統計套裝軟體來做很多統計的運算。

　　由套裝軟體進行需要的算術運算，所產生 d 指數（w_i）和 r 指數加權因素（$n_{i.}$-3），並且定義這些為新的變項，經

由更進一步的新變項之算術定義和總加這些變項，可以取得中介值（intermediate value），而且其總和可以（1）用來創造新的資料檔，或（2）以手工插入最後的公式。

有關同質性分析，Hedges 和 Olkin（1985）指出可以使用加權最小平方迴歸（weighted least square regression）來計算 Q 統計值，例如，在 SAS 第五版中可用的 Proc GLM 步驟，回顧者只需要（1）以 d 指數或 r 指數的 z 轉換為依變項來進行複迴歸；（2）以感興趣的調節變項為預測變項；和（3）以適當的加權為加權因素（SAS Institute, 1985）。

迴歸分析結果的解釋如下，與模型平均數平方有關的 F 檢定可以忽略，平方的總調整和為 Q_t，如前所提的，Q 的顯著性可以將這個值參照卡方值表（表 5.7）而找到，模型的平方總和為 Q_b，而此值也必須參照卡方值表以建立其顯著性。

同質性分析的問題

與同質性統計之使用有關的最重要問題牽涉到實際的應用，在很多情況下，回顧受到不完全資料的困擾，特別是當發現效應不顯著時，前面建議保守的作法是將這些效應大小設定為零，但是，如果總和零效應的比例很大，而效應確實存在於母體中，則使用此種保守方法所估計之效應大小的變異，會比如果可取得效應大小完整的資訊來得大。因此當研究者報告沒有發現的假設，會對合併機率和平均效應估計有保守地影響時，此假設可能導致較大的同

質性統計值，如果關係確實存在的話。

　　同質性統計的第二個問題是在檢定力上，它們都很低，如果是這樣，當單單只用同質性統計和傳統的統計顯著性水準，那重要的關係會被遺漏。

　　第三，同質性統計會變成不可信和無法解釋的，當回顧者希望檢定一個以上的效應大小之調節者時。Hedges 和 Olkin（1985）發表了一個嚴謹的模型，以檢定多重調節者，此模型對同質性運用順序檢定，一次移出一個來自個別調節者的效應變異數，但是，應用此步驟通常很不容易，因為研究的特質通常會彼此相關起來。例如，假設相信家庭作業對成就的效應是受到學生的年級和依變項標準化的程度所影響，但在要分析的比較中，則發現這兩個研究特質受到困擾——較多以中學生為主的研究使用標準化檢定，而較多以小學生學主的研究則使用年級。就如同在傳統的迴歸分析中，這些交互相關使解釋變成很困難，特別是，它們排列了那些變項進入分析的順序——不同的順序會導致結果有戲劇性的差異。

　　交互相關的研究特質之解決方法，是對每一個特質分別地取得同質性統計，以重覆前面所描述 Q 統計之計算的方法，然後，當解釋有關效應調節者的結果時，回顧者也同時檢驗調節者之間的交互相關矩陣，回顧者用這個方法便可以警告讀者，要研究可能產生困擾的特質，以及在做推論時也關心到這些關係。

　　最後的問題是同質性統計的結果，有些依賴效應大小計量的選擇，例如，根據是否用 d 指數或 r 指數來表示其關

係，同一組資料也會得到不一樣的結果，這是因為 d 指數和 r 指數並不是線性轉換相關的。不相等結果的問題在初級資料分析中也會出現，也就是，以母數和無母數統計所做的相同的資料分析，會產生不同的結果。但是，在初級統計分析中，一個技術和另一個技術之間的差異區分的很好，而且一個技術或是另一個技術的相對適合性，也是相當容易加以評估的，而在同質性統計中，這些基本的規則則尚不清楚。

總而言之，效應大小的量化分析是一個新的領域，解釋的問題和公式的精確統計屬性都仍在持續發掘中。很顯然的，效應大小的正式分析應該是任何包含大數目比較的研究回顧之不可缺少的部分，而同樣地，目前回顧者必須非常小心地應用這些統計和描述如何應用它們。

原始資料分析

在可以用原始資料來做比較的情形下，同質性統計所檢驗的調節假設的檢定，可以有或沒有統計互動，也就是回顧者能夠對累積的原始資料，進行混合模型的變異數分析（mixted-model analysis of variance），使用比較特質做為組間因素（between-group factor）和研究內的比較做為組內因素（within-groups factor），如果任何比較內效應的影響是依據調節者，那在分析中它會如顯著互動一般出現，對研究特質有貢獻的顯著主效應（組間因素），會指出在依變項的整體的平均數，會隨著研究中不同組而會有所變

異。例如，假設找到十二個與過動兒藥物治療效應有關的研究，並且都可獲得每一個研究的原始資料，除此之外，還假設其中六個只研究男孩，而六個只研究女孩，因此回顧者可以進行藥物組與控制組為組內因素的分析，和男孩與女孩為組間因素的分析。藥物與控制比較的顯著主效應指出，對藥物效應之研究所得的證據。而性別的顯著主效應則是指出，使用單一性別的比較顯示比使用另一性別的比較有更大程度的過動情況，最後，在性別和治療方法之間的顯著互動則意指，藥物治療的效應是依據樣本兒童是否為男孩或是女孩而定。

如前面所提到的，原始資料分析的實際運用，是受到原始資料取得不易和不同研究者使用不同測量量表兩者的限制。

效應大小和回顧所產生之證據的變異

如同在第 2 章中所討論的，經由檢驗效應大小的變異，所找到的證據為回顧所產生的證據，也就是說，回顧者無法解釋，研究特質與效應大小之間的關係為因果關係。如前面曾經詳細討論過的，在很多情況下，不同的研究特質彼此間會有相關，而無法告知那一個相關的特質為真正的因或果，因此，當回顧所得的證據對研究回顧來說是獨特的，而且代表有關和了解研究主題的重要額外資訊之時，根據回顧所得的證據來作因果關係的陳述，是很危險的，一般來說，當回顧所得的證據顯示關係的存在時，回顧者

可用以幫助初探性研究者指出未來更豐富的方向。

研究回顧的例證：回顧例證之一的過動兒藥物治療，使用了傳統的推論步驟以作效應程度之區別，使用簡單單向變異數分析和雙變項相關，在回顧中的另外兩個，家庭作業和人際期望效應的人格調節者之回顧中，則是使用同質性統計，最後，問卷回收率的回顧是用累積原始資料的方法，從這些分析所得到的選擇性結果將會呈現在下一章中。

研究綜合的效度議題

在分析和解釋的階段中，所提出對效度的第一個威脅是，回顧者所使用推論的規則，也許是不恰當的。在非量化的回顧中，推論規則的適當性是很難加以評估的，因為回顧者很少會使它們很明確。但在量化的回顧中，一般會知道以統計檢定為基礎的假想，而在回顧中一些統計的偏誤也能加以去除。推論規則的完整檢定也許是不可能的，但是量化回顧的使用者至少能夠非正式地決定，是否已經滿足了統計的假設。不管用什麼策略，回顧者已經使用無效的規則，來推論目標母體的特質之可能性，是永遠存在的。

在分析和解釋的階段中，所介紹對效度的第二個威脅是，回顧所得的證據也許會被誤解釋為支持因果關係的陳

述。在書中已經提醒過好幾次了，回顧中的任何變項與關係，能經由研究所得的或是回顧所得的證據加以檢驗，但是，根據不同類型證據的結論之科學地位會很不同，特別是，研究所得的證據能夠建立變項之間因果的優先關係，而回顧所得的證據總是單純的關聯。

效度的保障

對回顧者來說，什麼樣的假設是對其資料適當的之建議，會根據回顧之目的和問題領域的特性而定，這對量化的步驟和非量化的步驟都一樣是真的，唯一的建議是：回顧者應該將其推論的規則開放給大眾檢驗。

1. 回顧者應該盡可能的使指導假設明確，當他們傳達其結論和推論給讀者時。
2. 如果有任何與解釋規則的效度有關之證據，都應該加以發表，沒有這個資訊，讀者無法評估結論的效度，沒有說明這個議題的回顧報告，都應該視為不完整的。
3. 回顧者應該小心地區分研究所得和回顧所得的證據，即使使用每一種設計特質的研究數目都很大，一些其他未知的方法特性，會和未找到的關係中所包含的一個相關之可能性是存在的。回顧所得推論之更不明確的本質意味著，如果這種類型的證據指示關係的存在，回顧者應該在單一研究之中檢定其關係。

練習

研究	n_i	Z 分數（單尾）	d_i
1	366	-0.84	-.08
2	96	1.55	.35
3	280	3.29	.47
4	122	0	.00
5	154	1.96	.33
6	120	2.05	.41
7	144	-1.64	-.28

1. 使用 Z 分數加總的方法，以上所列的七個研究之合併 Z 分數和機率水準為何？使用加權 Z 分數加總法呢？防止失準分數 N 為何呢？
2. 平均加權 d 指數為何？
3. 七個研究的效應大小是同質的嗎？請用手算和電腦統計套裝軟體兩種方法來計算您的答案。

6

公開發表階段

　　在本章中提出研究回顧所使用的報告形式，應和初探性研究報告所用的類似，包括引言、方法、結果和討論的部分，特別的是將注意力放在討論如何在回顧中將資料畫成表格，以及能被實質地解釋的效應大小為何。最後，本章描述了來自於不良的報告，而對效度所產生的威脅和如何保護效度。

　　只有當結果是由科學的社區所共享的研究才是完全的。（美國心理學會，1983，p.17）

　　將調查者的筆記、報表和記憶，轉換為描述計畫的公開文件，是對知識的累積有很重大意涵的任務，將結果公開發表的重要性是已知的了，但是有關如何從事最佳的宣

傳、相關的建議仍屬有限的。

兩種調查類型報告的撰寫

　　報告初探性研究的成文綱要其主要的焦點在於發表的形式，美國心理學會的出版手冊（1983）在有關報告的類型和形式上是非常詳細的，對決定什麼特定的方向和研究者應該認為重要的研究結論，則提供了較不詳細的描述，例如，此手冊告訴研究者要報告統計資料和文章的結果。但是，大部分的研究者做了比他們所認為讀者會感興趣的，還要多的統計檢定，此手冊在指導有關什麼發現，對讀者是重要的判斷則較不明確。

　　很明顯地，此手冊不會因此省略而受到批評，任何定義資訊科學重要性的綱要，對不同主題領域的巨大陣勢中，問題發展的特定情況，需要分別加以說明（Gallo, 1978）。不能提供統計的顯著性以做為一般的綱要，因為虛無的結果，也許能引起某些主題領域的很大興趣。

　　研究回顧者面對和初探性研究者類似的兩難困境，但是在程度上更為深刻些，研究回顧者並沒有和描述如何建構好的研究報告之出版手冊類似的正式綱要，最好的是回顧者遵循由相同或相關主題的研究回顧者所提供之非正式綱要，在大部分的情況下，回顧者選擇對特定回顧問題比較適宜的格式。

對回顧者而言，指導報告綱要的缺乏是一個問題，因為在編輯判斷上的差異，會造成在回顧時的變異，此變異並沒有在結論的重要性或方向上發現，但是在報告是否有包括特定的觀點和回顧的結果上所有發現。一個回顧者也許會相信，方法上的特質或回顧的結果，只會擾亂其文稿，而另一個回顧者也許會認為這些資訊，會引起某些讀者的興趣，而認為這種「擾亂」是值得的。

整合性研究回顧報告的格式

在這整本書中，將初探性研究所使用嚴謹的和系統的規則，擴展到整合性研究回顧中來，因此應該不會驚訝的發現，有關對整合性研究回顧的報告格式之建議，絕大部分是根據初探性研究目前是如何報告其研究的。初探性研究報告一般基本的區分為四個部分——引言、方法、結果和討論——應該可以給整合型回顧一個很好的架構，將報告區分為這四個部分，是用以強調需要發表的資訊類型，以便於讀者能適當地評估效度和回顧的實用性，其後所接的段落中，將會建議應該要將那些資訊包括進整合性研究回顧報告中。

引言的部分

　　對研究回顧的引介，爲其後的實證結果設定了開始的階段，在初探性研究報告中，引言一般都很短，所引用的研究，也只限於一些和原始主題有密切相關的，而在研究回顧中的引言部分，被認爲應該比較詳盡一些，回顧者應該試著呈現，與研究問題有關聯的理論和方法上問題之完整的歷史回顧，包含在研究問題中的概念是從何而來的？它們是根據理論，如同人際期望效應之概念，還是根據實際的情形，如同過動的概念呢？對概念的意義或與實用性有關的理論有爭論嗎？已存在的理論如何預測彼此相關的概念，和不同的理論之間有彼此相互衝突的預測嗎？

　　整合性研究回顧的引言，必須在考慮之後，小心仔細地陳述問題的背景環境，特別是當回顧者想要應用統計在研究整合上時，他（她）需十分注意，有關研究問題質的和歷史的爭論是很重要的，否則，回顧者將遭到堆砌數字的批評，而不會被感激提供實證資料意義的概念和理論支持。

　　如同在第 2 章中所提到的，整合性研究回顧的介紹，也是回顧者應該要討論對這研究主題，以前曾經做過回顧的地方，這回顧之前所做過的回顧點明了新的研究的重要性，以及強調新的回顧希望陳述和解決實證上的爭議。

　　總而言之，研究回顧的引言應該呈現出，有關研究問題之理論和概念的議題完整的回顧，並且呈現先前之回顧的一般性描述和這些回顧所造成或沒有解決的爭議。

方法的部分

整合型研究回顧的方法部分和在初探性研究報告中的會有所不同，雖然它們的目的是一樣：描述調查是如何進行的。雖然要做一般性的建議有所困難，但是大部分的回顧方法部分，都會需要陳述六組分別的問題。

第一，研究回顧者應該呈現詳細的文獻搜尋，包括了研究是從什麼來源獲得的描述，除此之外，當搜尋摘要和索引服務以及參考文獻時，回顧者需要報告它們所涵蓋的年份、引導搜尋的關鍵字、以及是否有用到人工或電腦搜尋或是兩者都有。如果回顧包括了私人的研究，也應該提及，文獻搜尋的資料來源、關鍵字和範圍的資訊，也許是在方法的部分中最重要的一面，它給了讀者搜尋範圍最好的指引，和因此對回顧的結論需具有多少的信心。文獻搜尋的描述告訴讀者，他（她）自己的文獻搜尋會有那些不同，當嘗試要重做時，文獻搜尋的描述是最能檢驗的，當其他的學者想要了解，為什麼在相同的主題領域，但不同的回顧會得到類似或彼此相衝突的結論。

在方法部分應該要陳述的第二個主題，是應用在文獻搜尋時所找到的研究其相關性的標準（criteria for relevance），什麼研究特質會被用來決定，是否一個特別的研究是和其主題相關的？相關的決定有多少是根據報告的題目呢？根據摘要？根據完整的報告？什麼研究特質導致被排除在回顧之外？因任何特定的原因，而排除了多少的研究？例如，如果回顧只包含出現在專業期刊的研究，

那有多少回顧者知道，可能相關但是並沒有發表的研究被排除呢？

和對被排除之研究的描述有相等重要性的是，對確實相關之研究一般性質的描寫，例如，在對過動兒之藥物治療效應的回顧中，每一個研究都滿足了四個標準：（1）調查了被診斷為過動兒之藥物治療效應的研究；（2）使用藥物治療組和控制組、藥物組和安慰劑組、和／或安慰劑組和控制組之間的比較的研究；（3）運用隨機指派為設計的一部分；（4）使用雙盲目過程以處理治療和記錄依變項。

當讀者檢驗與回顧相關的標準部分時，他們將會嚴格地評估，回顧者對概念和操作如何相關的觀念，與特定回顧之結果有關的很多理論爭議，而將重點放在這些決策是如何完成的之上。某些讀者會發現操作型定義太狹隘了，而這會使他們去檢驗被排除之研究的結果，以決定他們的結果是否會影響回顧的結論，一般來說，相關的標準描述了回顧者選擇如何從概念跳到操作，對此步驟的詳細描述，對有關回顧結論之建構的理論和概念的爭議是很重要的。

除了對包括進來之證據的一般性描述外，對要描述標準方法（prototypical methodologies）的回顧者來說，方法的部分是一很好開始的地方，此標準的呈現，在涵蓋太多個別檢驗之研究的研究回顧中是必須的。回顧者應該選擇幾個舉出由很多研究所使用方法之例子的研究，而且發表這些研究努力的特定細節，在只有找到一點研究是相關的情形下，此過程也許不是必須的——用在研究中方法的描述，能以研究結果的描述而被合併。

在方法部分所涵蓋的第四個重要的主題，包括了回顧者對獨立假設檢定如何被確認的選擇，用以決定來自於同一份報告或實驗室的多重假設檢定，是否被視為獨立或非獨立資料點的標準，應該小心地加以說明清楚。

方法的第五個部分，應該描述研究者取得並且保留用來檢驗做為研究結果之可能調節者的研究，之初探性研究的特質，即使某些特質並沒有正式的檢定，而且也沒有在文章中加以討論，但是應該稍稍提及。這將會使讀者警戒到，以後回顧者可能會被要求加以檢定的特質，換句話說，回顧者應該完全描述，有關在過錄表上所蒐集的每一個研究的資訊。在方法的部分，描述每一個出現在文獻中所取得之特質的次數是不必要的；這最好是發表在結果的部分。

在方法的部分中要說明的最後一個主題是，回顧者用來幫助任何結果量化分析的習慣，為什麼選擇特定效應大小的矩陣？有調整效應大小以去除偏誤嗎？漏失的結果是如何處理的？選擇什麼形式的分析，以合併不同研究的結果和檢驗不同研究結果的變異？這部分應該包含對每一慣例選擇的合理化，以及每一個選擇會對研究回顧之結果有什麼影響的分析。

結果的部分

在結果的部分，研究回顧者呈現了對任何累積發現之文獻和統計基礎的總結描述，因此，結果部分在描述獨立研究的綜合分析——證明任何有關文獻為整體的推論之證

據。當回顧的結果部分被認為，依據研究主題和證據的本質而有所不同時，一般報告結果的策略是，將這部分區分為五個段落。

在第一個段落中，回顧者應該告訴讀者獨立相關假設檢定的總數，以及這些假設檢定來源的分類，例如，在已出版的報告所找到的檢定數目，相對於未出版的報告之檢定數目，有時候這是很重要的步驟，當然，有關文獻的特定描述性統計也應該加以報導。這些會包括報告出現平均或多數的日期或間距；在每一個研究中，所抽樣本的平均數或眾數，和樣本大小的間距；研究之重要參與者的特質之次數，例如性別、年齡或地位差異；以及研究的地理位置，如果有相關的話，這些是一部分會出現在結果部分開始時之可能的描述統計。

一般來說，第一個段落應該給讀者廣泛量的文獻回顧，這可以補充在方法和引言部分質的回顧，除此之外，應該給讀者在研究中所包含的人、步驟和環境之有代表性的感覺，如同在第 3 章中所描述的，有理由相信研究回顧會比個別的研究努力，更直接適合所有個人和環境的目標母體。不管分析的結果如何，這段結果允許讀者評量，樣本對象和環境的代表性，然後回顧結論的特殊性。

第二個描述結果的段落，應呈現涵蓋了研究回顧之中心關係的混合機率檢定結果，相關的防止失準分數 Ns 也應該出現在這裡，如果有做任何投票計算的話，也應該要加以描述。

結果的第三個段落應該要呈現出分析的效應大小，這

應該以一對整個效應程度的描述來開始，效應大小的分配（也許以圖形的方式來呈現，請看 Light & Pillemer，1984），和 95%的信賴區間，對整組相關效應同質性的檢定的結果，也應該要報告。

　　第四個段落應該要描述對可能改變效應大小的，但未被找到之研究特質之任何分析的結果，對每一個調節者的檢定，研究回顧者應該呈現研究特質是否對效應的變異，有顯著影響的結果。如果調節者證明了是顯著的，那回顧者應該報導平均效應的大小，以及每一個研究群體的信賴區間。

　　最後，回顧者應該給在單一研究中所發現的互動效應一個段落，如果這樣的分析是相關的話。例如，Arkin、Cooper 和 Kolditz（1980）對總結自我助長之偏誤的研究感興趣，也就是說，個人是否對成功比對失敗更容易假定是來自於個人的責任，Arkin 和他的同事們總結了包含在所找到的研究中互動的檢定，他們發現有五十九個互動檢定，其中十四個證明是顯著的，這十四個顯著的互動是以包含與互動效應有關的 p 水準和 d 指數的表格來描述的，並且有一段與第三變項互動的簡短描述。在其他的回顧中，對互動的其他詳細描述和對互動效應的量化綜合分析，也許是有保證的。

　　總而言之，結果的部分應該包括研究回顧者對所涵蓋文獻的整個量化描述，以及關係和在不同研究都證明顯著的關係調節者的報告，這為以下的實質討論部分建立了一個基礎。

討論的部分

　　研究回顧的討論部分和在初探性研究中的討論有著相同的功能，第一，回顧者應該呈現對回顧結論的總結，然後，回顧者應該描述在回顧時，所發現效應的大小，並且解釋其實質的意義，其次，回顧者應該檢視與過去的研究回顧相關的回顧結果，特別重要的是，討論目前的回顧結果與以前的回顧所不同的為何，而為什麼會產生這些不同。回顧者也需要檢視與在引言部分所介紹的理論和理論上的爭議有關的結果，如果並沒有包括在以上所建議的之內的話，對任何發現的一般性討論，如同限制任何關係應用的有限條件，應該要包括進來。例如，如果發現在人格和人際期望效應兩者之間有關係，那這對兩種不同性別的人和在所有的情況下都是這樣嗎？最後，回顧者應該包括對以後的初探性研究很有益的研究方向之討論。

　　一般來說，在初探性研究與研究回顧兩者的討論部分，是用來建議有關於關係的實質解釋、以往爭議的來源與再解決、以及對未來研究有益的指點。

　　研究回顧例證：在說明回顧時需要很多空間來呈現方法、結果和討論部分的適當描述，在本書中也陸續出現很多東西需要包括在報告中。

　　家庭作業回顧的結果發表在一本書中（Cooper, 1989），在其中一個章節中討論了沒有家庭作業之研究的比較，這是以在 1962 年以前，範圍較窄的十一個家庭作業的描述，相對於沒有作業的學生，計算了效應大小的估計，並且呈

現了包含必須資料的這些研究，但是效應的大小並沒有在統計上加以合併。

　　從 1962 年開始進行的每個研究，都有一個表格，其中包含了第一作者、出版年份、在十三個特質上的記錄，這組研究特質的總結則出現在內文中，這些研究曾用於後設分析中，內文同時也描述了並沒有用在後設分析中的一個研究，因為這研究的結果無法轉換為與其他研究相對應的矩陣。

　　以一個圖來說明 d 指數的分配，總共有二十個 d 指數，文章中報告了 d 指數的平均是+.21，意思是平均做家庭作業的學生比起 54%沒有家庭作業的學生，有較高的成就分數，95%的信賴區間是從 d=+.13 到 d=+.30，根據這信賴區間，而不是根據混合的機率分析，所得到的結論是，有和沒有作家庭作業之間的差異在統計上是顯著的。

　　從搜尋家庭作業效應調節者所獲得的顯著結果，是呈現在一表格中（在此重新製作為表 6.1），要注意的是每個檢測比較的數目，是根據一些調節者的變異，因為使用了改變分析單位的方法，而在內文中，這些結果伴隨著調節變項之間的相互關係之描述。

表 6.1 有家庭作業與無家庭作業對學業成就的效應大小比較

	n	95%信賴區間 下限估計	平均數	95%信賴區間 上限估計
總計（$\chi^2[19]=57.41, p<.001$）	20	.13	.21	.30
年度（$\chi^2[1]=8.00, p<.01$）				
1960 年代	6	.01	.16	.32
1970 年代	10	.06	.18	.30
1980 年代	4	.23	.48	.73
平衡與重複測量（$\chi^2[1]=4.68, p<.05$）				
有	4	-.35	-.08	.19
無	16	.14	.24	.34
實驗者（$\chi^2[1]=9.52, p<.01$）				
教師	8	.25	.41	.57
非教師	12	.02	.12	.22
持續的時間（$\chi^2[1]=3.89, p<.05$）				
10 週	12	.20	.32	.44
10 週以上	8	-.03	.09	.21
指定的作業數（$\chi^2[1]=15.43, p<.001$）				
每週 1-3 次	14	-.01	.09	.19
每週 4-5 次	6	.30	.44	.58
年級（$\chi^2[1]=3.75, p<.06$）				
4-6	13	.05	.15	.25
7-9	5	.09	.31	.53
10-12	2	.33	.64	.95
學科內容（$\chi^2[2]=19.13, p<.001$）				
數學	25	.10	.16	.22
閱讀和英文	13	.18	.32	.46
科學和社會研究	10	.38	.56	.74
數學範圍（$\chi^2[3]=6.79, p<.01$）				
計算	9	.12	.24	.36
概念	8	.07	.19	.31
問題解決	5	-.12	.02	.16
一般或非特定	3	-.01	.26	.53
結果測量（$\chi^2[1]=6.49, p<.02$）				
課堂測驗或成績	15	.18	.30	.42
標準化測驗	5	-.07	.07	.21

資料來源：Cooper, H. M.（1989），Longman Inc.

此內文同時也包含了（1）所控制的第三變項之家庭作業效應；（2）家庭作業和其他變項之間的互動；和（3）檢驗家庭作業在態度上效應的研究結果。最後，這章還包括了總合的結論，在其後的章節中，回顧的結果和其他的回顧做了比較，而政策的運用和對未來研究的建議也在此加以討論。人際期望效應之人格調節者的研究回顧中，結果部分基本上描述了照片評價研究的後設分析，但是，此研究回顧也包含了並沒有用照片評價情況的研究描述，除了內文中的討論之外，對這九個研究的描述是以表格的形式呈現的，而這表格在這裡重新製作為表 6.2。

對過動兒藥物治療的研究回顧是以一很短的報告來發表的，但其仍然以前面所描述的綱要來呈現，來自六十一個研究的 d 指數則以一稱為莖葉圖（stem-and-leaf）的來表示（Tukey, 1977）。圖 6.1 則顯示了這個圖式，在此莖葉圖中，所有的原始資料皆以一簡單圖的形式來表現，此資料最開始根據其大小來排序，然後研究者選擇一適當的位數做為其主幹。例如，在圖 6.1 中的第一欄為每一個 d 指數的主幹，第二欄為和藥物與控制比較有關聯的十六個 d 指數中之每一個的枝葉，在這裡，主幹為 d 指數的頭兩位數（個位和十位）而枝葉的部分則為最後的位數（百位數），因此，藥物與控制的比較所找到最小的 d 指數為.34；而次小的 d 指數為.36，支幹圖很像是直方圖，其主幹代表間距，而枝葉則堆疊起來以表示間距的次數，所以在藥物與安慰劑的比較中（第三欄），d 指數最常的是落在.60 和.69 的值之間，共發現有七個 d 指數，在莖葉圖的底部，所呈現的

資訊是最大值和最小值、四分位數和平均數與標準差。

表 6.2 人際期望效應之人格調節者：非照片評斷之研究

作者/實驗室安置	期望歸納/實驗任務	人格變項	結果
Weiss (1969)	實驗者對受試者所高估之指示上有說明受試者可期望高估或第三組受試者則沒有此預先期望之指示幻燈片上的圓點數，第三組受試者則沒有此預先期望之指示	受試者之口腔期特徵/肛門期特徵	受試者人格×測望互動，不顯著
Christensen & Rosenthal (1982)	實驗者相信他們即將與高或低社交性的受試者訪談	受試者之聽音解碼技巧	較好的男女試者發現較多的偏見，對女受試者而言則無差異
Dusek (1972)	實驗者相信在投彈子任務中男孩會比女孩更有表現或是女孩會比男孩更有表現。受試者從一個箱子中取得彈子，而將這些彈子經過一些洞口投到另一個箱子中	受試者之檢測焦慮	受試者人格×偏見之條件互動，不顯著
Dana & Dana (1969)	沒有任何與期望歸納之資訊，實驗者對受試者施與 Wechsler 智能量表	實驗者之控制的場域；實驗者：實驗受試性之感受	實驗者人格×偏見互動，對兩種人格變項皆不顯著
Clark et al., (1976)	實驗者被引導以相信敲打受試者阿契里斯腱的前十下後比下來得重一點或較輕一點，而將受試者與腦電圖和肌電圖記錄器相連	受試者之控制的場域；受試者之控制的場域	顯著期望×刺激間距×實驗者人格×受試者不同的α活動（腦電圖×受量圖）測量之互動；顯著期望×測電量×受量圖測量之互動——內在一致性與顯示；外顯反應則顯示期向的效應與實驗望反向的效應
Begum & Shams (1981)	呈現給實驗者的資料建議某些受試者會提供正向的色彩評量，而其他的受試者則會提供負面的評量。然後受試者給受實驗者看有色紙之色彩張，並要求受試者判斷紙上色彩的濃度	實驗者之控制的場域；受試者之控制的場域	實驗者人格×期望互動，不顯著受試者人格×外顯性受試者比內在性的——受試者更確認出他們的期望

研究文獻之回顧與整合

續表 6.2 人際期望效應之人格調節者：非照片評斷之研究

作者安置	期望歸納／實驗任務	人格變項	結果
教育安置 Babad et al.（1982）	學生老師被引導以相信在他們體育課中的兩個學生「很有潛力」，然後讓所有的學生賽跑、作仰臥起坐、伏地挺身和跳遠	老師對偏見的感受性	對仰臥起坐和伏地挺身而言，期望×低感受性老師人格互動，而高感受性老師並無期望效應——而高感受性老師受多之各觀期望之高期望（如「期望值」）對跳遠每一表現之同由作者所計算每一表現者一表現而言，期望×老師人格互動，不顯著，期望×老師人格的互動、顯著老師之效應，而期望×老師人格互動並無期望效應，而高感受性老師之高期望學生則表現出較多各觀期望
治療安置 Bednar & Parker（1969）	學生扮演案主，由一有高聲望的人物，或是由一哞著不常著度之研究助理來介紹「個人的成長」諮商明，或是由一哞著不常著之研究助理提出諮商步驟有效的資訊證告訴作為案主（其他內向的學生，不是外向）諮商就是案主內向。然後諮商一期團體諮商角色扮演	案主對偏見的感受性	信服和期望因案對治療歸納行為改變並無顯著效應
Harris & Rosenthal（1986）	諮商者：十六個由 Jackson 人格研究表人格之人格變項；獨斷主義自我監督 案主：十六個由 Jackson 人格研究表人格之人格變項；獨斷主義自我監督		諮商者對案主偏相的能力與諮商者之獨斷，受育和社會認知之正相關；而偏見的負著的衝動性間有顯著案主自我監督與案主的感受性與案主間之程知有顯著案主對監督和社會認知之正相關；而案主的社會認知之間有顯著的負相關

主幹	藥物與控制	藥物與安慰劑	安慰劑與控制	總合 [a]
2.1	5			5
2.0		8		8
1.9	4			4
1.8				
1.7	0	24		024
1.6		1		1
1.5	5	0688		05688
1.4	8	126	3	12368
1.3	2	02		022
1.2				
1.1	16	8		168
1.0		8	6	68
.9	39	12399	3	12333999
.8	4	05	9	0549
.7	9	5		59
.6		1125779		1125779
.5	09	07	0	00079
.4		2489		2489
.3	46	168	8	146688
.2		478		478
.1		56		56
.0		005	00000	00000005
極大值	2.77	2.08	1.43	2.77
第三個四分位數	1.55	1.30	.93	1.30
中數	1.10	.69	.19	.80
第一個四分位數	.59	.42	.00	.38
極小值	.34	.00	-1.30	-1.30
平均數	1.21	.84	.32	.84
標準差	.67	.54	.72	.60

圖 6.1　三種類型之比較的 d 指數

資料來源：Ottenbacher, K. and Cooper, H. Drug treatments of hyperactive children.　Developmental Medicine and Child Neurology, 1983, 25, 353-357. Spastics International Medical Publications.

[a] 2.77 和 -1.30 兩值並沒有包括在表中。

表 6.3 是對金錢誘因效應之增加問卷回收率的研究回顧的分析結果，共有四個累積的回收率，第一個稱為實驗的回收率（experimental response rate），這是在研究有或沒有金錢誘因的實驗操弄技術之平均回收率，控制的回收率（control response rate）則是在這些實驗研究中，控制群組（沒有施以技術）的平均數，沒有控制的回收率（without control response rate）包括了所有有使用金錢誘因，但沒有控制條件之研究的回收率，而缺乏回收率（absent response rate）則是特別說明參與者沒有接受金錢誘因的研究。

　　在這些實驗操作金錢誘因之出現與否的研究（50.5%有金錢報酬，而 35.2%沒有金錢報酬）之問卷回覆次數的卡方檢定結果是非常顯著的（$\chi^2_{(1)}$=188.1, p<.0001），這結果透露了 r 指數等於.15，更進一步來說，預先給付和承諾給與金錢兩者增加的回收率，超過了完全沒有金錢誘因者（預付為 $\chi^2_{(1)}$=145.8, p<.0001, r=.16，承諾給付為 $\chi^2_{(1)}$=7.5, p<.01, r=.05）。最後，所付的錢數顯示和回收率有很高的正相關。當付給金錢的總數與加權的平均回收率相關起來，得到結果為 r 指數等於+.61，當然，也指出研究者應該考慮成本／獲利的比率，特別是當為了提高回收率而要付很高的金錢總額時。

表 6.3　金錢誘因對受訪率的効應

金錢誘因	加權平均受訪率	通訊次數	受訪率的數目	受訪率的標準差
實驗組	50.5	5,444	49	20.9
控制組	35.2	3,133	30	20.2
無控制組	52.2	2,382	15	18.6
無	20.1	961	3	21.8
總數（美元）				
0.10	41.6	1,484	17	9.5
0.25	53.9	2,399	10	25.1
0.50	34.7	1,035	9	12.9
1.00	35.9	697	5	19.9
2.00	41.0	200	1	0.0
3.00	40.5	200	1	0.0
5.00	62.1	1,012	13	14.6
10.00	82.0	314	2	5.9
25.00	54.1	205	2	22.5
50.00	75.0	83	1	0.0
預付				
實驗組	42.4	3,551	33	18.0
控制組	26.8	2,271	22	14.6
無控制組	54.8	1,614	4	29.0
約定後付				
實驗組	58.6	1,696	13	22.2
控制組	52.8	796	7	21.9
無控制組	46.8	768	11	15.1

資料來源：Yu & Cooper（1983）。

效應大小的實質解釋

在量化的回顧中，討論部分的功能之一是對關係大小的解釋，一旦回顧者概推了一個效應的大小，他（她）如何得以知道這效應是大還是小、是有意義的還是無用的呢？既然無法用統計的顯著性做為標準點——也就是說，小的效應可以是在統計上顯著的，而大的效應也可以是不顯著的——必須建立一組規則以決定一既定效應程度之解釋或實用的價值。

Cohen（1988）曾嘗試說明解釋效應大小估計的議題，並且對在社會科學中，小、中、大的效應程度的一般性定義提出建議。但是，Cohen 選擇這些在行為科學所遭遇到的反映一般效應大小的量——他警告反對用他的標籤，來解釋在特定社會科學訓練領域或主題領域之中的關係程度，他的一般標籤說明了如何解釋效應，而因為此目的，將在此做簡單之回顧。

如果 d=.20 或 r=.10 的話，則 Cohen 將效應大小標示為「小」，他寫到，「很多在人格、社會和臨床心理學研究的效應大多很小……因為所運用測量的效度減少，以及通常包括了敏感度的議題」（p.13）。根據 Cohen 的說法，大的效應經常是「在例如社會學、經濟學、實驗與生理心理學的這些領域中，其領域特質是有效變項的研究或好的實驗控制出現或是兩者都有」（p.13）。較大程度的效應約為 d=.80 或 r=.50，Cohen 將中等程度的效應放在兩個值之間，

也就是，d=.50 或 r=.30。

　　Cohen 所用的理由可以用來說明，效應大小的相對本質，假設在人際期望效應的人格調節者的回顧中顯示，平均 r 指數為+.30，那麼應該如何解釋關係的程度呢？很清楚地，這解釋是依據其他被選為對照元素的關係而定的，根據 Cohen 的解釋，這是中等程度的行為科學效應。因此，相較於其他一般的行為科學中之關係後，可以發現這關係是平均效應的程度，並不特別驚人的大或小。但是，相較於其他的人格效應，此效應的程度最好可以描述為很大了，如果我們接受 Cohen 人格關係大多顯著的小於 r=.30 的建議。

　　將一特定的效應與其他領域或一般領域所發現的效應程度相比較，也許是很有趣的，但是在大部分的情況下，這樣做並不是有益的，最有力的解釋是發生在當將效應大小和其他包含相同或類似變項的效應相比較時。Cohen 在提出此一綱領時，維持特殊主題領域中，效應程度以相對於如同「所有行為科學」一樣廣的標準，也許是最好的相對應元素。在過去對一些領域、次領域、主題區域、或即使是單一變項或操作之平均效應的估計，是很難找得到的，而今天，這些計算非常多，因此，效應的程度應該被標示為「大」或「小」，要依據其相對於相關估計多樣性的程度而定。至少，某些相對應的效應程度應該在概念上，很緊密地與包含有相同變項之關係的特定主題區域中，所發現的相連結。

　　除了相對元素的多重和相關選擇之外，其他兩個對效

應程度的指引也許是有用的，第一，回顧者能評估，任何關係有多少對研究的消費者可能是有價值的，此評估牽涉到有關顯著度之實證判斷的困難問題，讓我們用一個假設的例子來說明此觀點。假設一個在 1970 年完成的研究顯示，定期檢查汽車胎壓的汽車駕駛，其汽油每加侖可跑二十二哩，而沒有定期檢查汽車胎壓的汽車駕駛，其汽油每加侖可跑二十哩，在每一群體中，平均數的標準差為每加侖四哩，也就是說，定期檢查胎壓的汽車駕駛平均一年開一萬哩，而且以每加侖.30 美元的價錢買汽油的話，每年可以省下四十五加侖的汽油和 13.5 美元。以 d 指數的形式來說的話，胎壓檢查者與未檢查者被一個標準差的一半所區分（d=.50），或者是平均胎壓檢查者比 69%的未檢查者，會跑比較多的哩程數。這個效應在 1970 年可能被忽略了，在實證上來說，這可能被認為是不重要的，但是，在每一加侖汽油需要 1.10 美元的 1989 年，相同的結果會引發完全不同的反應，對珍貴稀少的資源而言，大部分的汽車駕駛會感謝，可以少用四十五加侖和每年節省 49.50 美元，因此，研究者可以令人信服地辯稱其實驗結果有很大的實證顯著性。

如果胎壓檢查效應與其他汽車燃料經濟性（例如，引擎調整，觀察速度限制等）的效應相衝突的話，比較仍會引致效應很小的結論。但是，研究者可以辯稱，雖然效應對解釋值相對來說很小，但其仍有很大的實證顯著性，調整此判斷可以經由辯稱汽油使用量表的小區間代表了其他社會價值指標的大區間——例如，需要由國外輸入的石油

總量，或是可以辯稱實行胎壓檢查方案的成本，比起其他的方式相對上來說要便宜得多了。Levin 與其同事們（Levin, 1987; Levin, Glass & Meister, 1987）已經開始設計一些建立社會方案的相對成本效益關係的基本原則。

對包括研究方法之效應程度解釋的最後指引，在本文中已經提到數次，當選定相對應的效應程度時，效應的相對大小將不只會反映關係的解釋力，也可以反映資料是如何蒐集的差異上。當其餘所有的都相等時，根據對控制外在影響加以限制的研究所產生效應的程度，應該大於較少控制的研究（也就是說，平均數應該有較小的離差），例如，在實驗室檢驗所發現的胎壓檢查產生 d=.50 的汽油哩程效應，也許不比在正常的開車條件下，所獲得的較小發現來得令人印象深刻。效應的大小同時也是操弄強度（例如，在未檢查汽車之輪胎未膨脹程度）、測量敏感性（例如，計算油箱加滿的數目與所使用汽油的數目）、以及對任何參與母體的限制（例如，所有的汽車與只有少數汽車）的函數，這些說明指出：只有一些方法上的考量能影響效應程度的解釋。

最後，要記住，在研究回顧中對效應大小估計的報告，不只會受到所回顧之研究的方法，同時也會受回顧本身的方法所影響。如同 Cooper 和 Arkin（1981）所指出的：

如果一個無偏誤的推論是來自於效應大小的估計，那麼也就是其他使用類似獲取途徑所得到的文獻回顧，應該可以期望找到類似的效應大小，研究

者⋯⋯「和」政策制定者⋯⋯需要調整效應大小的估計是依據任何偏誤的來源（和任何影響），他們覺得已經可以呈現在特定的文獻搜尋中（p.227）。

　　因此，假定在研究回顧中所找到的效應程度，等於母體中所發現的效應是不恰當的，回顧者必須決定，估計是否可能被無法找到，因在出版過程或文獻搜尋中的偏誤，而造成的小的效應程度膨脹了。

　　總而言之，Cohen（1988）對效應大小的標籤只給最廣的解釋標準，效應大小最有意義的解釋，是來自於和其他所選定關係的程度之比較，因為他們實質上和所研究的主題是相關的。對這解釋的補充，應該是任何解釋之實用價值的評估，和使結論符合在方法上的角色。

　　研究回顧的例證：如何能解釋關係強度的兩個最好的例子是來自於家庭作業和問卷回收率的回顧，以家庭作業來說，回想一下，在做與不做家庭作業學生之間，成就差異的平均 d 指數為 d=+.21，而這效應程度算是大還是小呢？為了幫助回答此問題，檢驗了其他後設分析的結果，這些以表格的方式列出來，即是如表 6.4 所示。包含在表中的十一個後設分析，都是檢驗在成就測驗上教育策略或是教學技巧的效應，這些是取自於教學研究手冊中，研究綜合分析的一章（Walberg, 1986）。

表 6.4　選自檢驗對成就影響之後設分析的效應大小 [a]

作者（年代）	自變項	效應大小 [b]
Bangert et al., （1981）	個別與傳統的教學方式	+.10
Carlberg & Kavale（1980）	特殊與常規的教室安置	-.12
Johnson et al., （1981）	合作與競爭的學習方式	+.78
Kulik & Kulik（1981）	能力分組	+.10
Kulik et al., （1982）	有計畫的指導	+.08
Luiten, Ames & Aerson（1980）	預先組織者	.23
Pflaum et al., （1980）	直接指導	.60
Redfield & Rousseau（1981）	較高程度的認知問題	.73
Wilkinson（1980）	稱讚	+.08
Williams et al., （1982）	看電視的總數	+.10
Willson & Putnam（1982）	預試	+.17

資料來源：Cooper, H. M.（1989）. Longman Inc.
[a] 這些主題是由 Walberg （1986）所列，將成就當成依變項者。
[b] 效應大小是以 d 指數來表示。

　　根據表中記錄的比較，結論是家庭作業對成就的效應最好可以描述為平均以上，在表格當中中等程度的效應是 d=+.10，約是家庭作業效應程度的一半。在不同主題領域之方法的相對品質，也同時加以考慮，假設用在不同領域之成就測量的可信度和研究設計的適當性，是大約相等的。但是，對於是根據那一個效應程度的估計的一些假設，也許在家庭作業的回顧中比起在其他的回顧中，是較保守的，最後，家庭作業的實用價值是由比較補充不同教育和教學處理的相對成本來評估的。家庭作業可以視為一低成本的處理，特別是在與特殊班級和個別化與計畫的教育相比較

研究文獻之回顧與整合

時。

　在問卷回收率的回顧中，以評估十二個研究設計方法的相對效應互相比較，而不是個別的評估，因此，相對的元素便包含在回顧的本身。例如，比較預付金錢誘因相關聯之+.16 的 r 指數，和承諾會付錢的+.05 之 r 指數。因為這樣的作法，所以未來要做卷問測試者，可以決定那一種設計特質，會增加較多的回收，和相對於包含運用其步驟之成本。

報告撰寫時的效度議題

　兩個在報告撰寫時，對效度的威脅是關於回顧時不同的目標母體，第一，省略對回顧是如何進行的詳細說明，可能對效度有影響，如同在初探性研究中一樣，一份不完全的報告，降低了回顧結論的可複製性，Jackson（1980）檢視了三十六個研究回顧，發現了「完整」並不是大部分回顧的正確描述：

　　三十六篇論文中只有一篇報告了在搜尋初探性研究時，所使用的索引和資訊取得系統，三十六篇中只有三篇報告了成為找出研究之方法的參考文獻，只有七篇指出其是否分析了所找到之所有的研究，而不是只分析一部分，三十六篇中只有一半報

告，對初探性研究的回顧之發現的方向與程度，而只有少數幾篇對每一個發現都如此做。除此之外，很少數的回顧論文，是有系統地報告對發現有影響的初探性研究的特質（pp.456-457）。

沒有這些詳細的資料，讀者無法確定個人的文獻回顧是否會得到相似的發現。

對報告撰寫效度的第二個威脅，包括了其他調查者發現很重要關係的調節者之證據的省略，Matheson、Bruce 和 Beauchamp（1978）觀察「對一特殊行為進行的研究，發現有關實驗條件的更詳細說明是相關的」（p.265），因此，研究回顧會喪失其適時性，如果回顧者沒有足夠機警到，確認對一個領域很重要（或將會很重要）的變項或調節者，越完整的回顧會花較多的時間，才能被新的回顧所取代，則因此會越有較大的暫時普遍性。

對效度的保障：對回顧者如何保護這些效度的建議，就如同要提供初探性研究者，應該如何進入調查的這個階段之建議，是一樣困難的，本章的建議可以提供一個起始點，但是，回顧者將無法完全地預測他們所忽略的特質和回顧的結果，終將會使他們的結論無效或成為廢物。在積極的一面，回顧者當然想要讓他們的論文有較長的生命，我們能期望回顧者能仔細考量，如何在最可讀的前提下發表最詳盡的報告。

練習

- 閱讀兩份整合型的研究回顧，列出作者告知了以下每一項中的那些部分：（a）文獻搜尋是如何進行的；（b）使用了什麼規則，來決定研究是否和假設相關；以及（c）使用了什麼規則，來決定累積的相關是否存在。

- 找出兩個相同主題，但是所使用的方法不一樣的初探性研究，計算在每一個研究中所報告的效應大小，比較彼此的效應大小，將不同方法的影響考慮進去，使用另一個標準，並決定你認為每一個效應程度是否為大、中或是小，適度調整你的決策。

7

結論

　　本章報告了一般有關於嚴謹的研究回顧之觀念，在未來將如何開始，和有關進行滿足嚴謹標準的研究回顧之可行性的一些考量，幾個有關研究回顧和科學哲學的議題，也同時加以討論。

　　有幾個與研究回顧有關的議題，無法很容易地將之放入五個階段模型中，在考量處理應用這些綱要所產生的問題和保證，已在前幾章中說明。

再論效度議題

　　首先，回顧的五階段包含了十一個對效度的威脅，很可能其他存在的威脅，在這處理中已經被忽略過了，Campbell 和 Stanley（1963）列出了對初探性研究效度之威脅，而這威脅由 Campbell（1969）、Bracht 和 Glass（1968）、以及 Cook 和 Campbell（1979）加以擴充，這些對效度的威脅，同時也可能出現在研究回顧的領域中，這顯示了在有關正當的科學推論之議題正在改進中。

　　幾個在研究回顧領域中，所提出對效度的威脅，是延伸自代表在初探性研究中普遍存在的問題。例如，在資料蒐集時，主張回顧的效度問題是在於：所涵蓋的研究其所包括的人，也許對目標母體並不具有代表性。這建議任何與特定初探性研究設計有關的效度問題，是可應用到研究回顧中的，如果設計代表了所涵蓋研究的實質部分，在回顧概推證據的檢驗時，研究設計應該如同研究結果的可能調節者一樣，必須小心地加以檢驗。有關這些「計算邏輯連結」（nomological net）的研究設計（Cronbach & Meehl, 1955），可以是研究回顧最有價值的貢獻之一，但是，如果研究設計的分類並沒有包括在回顧中，那麼與支配設計有關的威脅，也會危害到回顧的結論。

可行性與成本

　　一般會認為使用本書所設定的綱領，來進行回顧會比以傳統的方式來進行回顧，所花的成本要比較高，需要花錢的是在電腦搜尋和資料蒐集者上，需要時間的是，在發展評估的標準和過錄架構以及分析，也許需要包括一個以上的人力，至少在資料評估的階段。

　　不應該鼓勵一個有限資源的潛在回顧者，進行研究回顧的計畫嗎？當然不是，就如同完美、無法反駁的初探性研究從未被完成一般，十全十美的研究回顧也仍舊是個理想，本書盡可能的給予建議，以做為進行回顧的指引，這些建議也可做為評估回顧的標準。事實上，讀者應該知道幾個說明研究不完美的例子，Sacks、Berrier、Reitman、Ancona-Berk 和 Chalmers（1987）調查了八十六個後設分析，並且做了迫切需要方法的改進之結論。一個可能的回顧者，不應該將指引視為必須符合的絕對標準，而是做為幫助回顧者提煉步驟與回顧廣度，直到取得嚴謹和可行之間很好平衡的目標。

科學的方法與不確定性

　　當進行研究回顧的實用主義意味著調查者必須與不是

很完美的產品妥協時，這並不是指科學的理想不需要直接應用在研究回顧的過程中，在傳統回顧的步驟中被遺漏的重要科學元素，已經是對回顧者先前信仰的不確定性之潛在可能。在大部分情況下，初探性研究者在開始其工作時，便有一些有關其研究結果可能會改變其信仰體系的認知，而傳統的回顧者則不會如此，要擴展科學的方法到研究回顧中，回顧者接受了不確定性的潛在可能，Ross 和 Lepper（1980）曾提到這種情形：

> 我們都知道，科學的方法並不是對有偏誤的同化、因果解釋和一大群其他困擾的疾病免疫，科學可能是盲目的，有時候更是有意如此，對其資料未預期的或不同性質的解釋，以及反抗其對理論的忠誠……雖然如此，但是科學的方法通常有責任增加人類對自然和社會環境的了解，雖然它有瑕疵，但它仍然保持讓我們遠離直覺信仰的偏誤，和檢驗這些信仰的直覺方法之最好手段。（p.33）

科學的研究回顧與創造性

介紹研究回顧的有系統綱要的目的之一，是系統化會抑制創造性，對提出此議題的批評者認為，規劃進行和報

告初探性研究的規則，是對創新思想的「緊身衣」，我無法不同意此說法，嚴格的標準不會產生機械化和無創造性的研究回顧，回顧者的專業知識和直覺，會被利用或創造機會以獲取、評估和分析每一個問題領域的資訊所挑戰，我希望回顧之例證已經說明困擾著採用科學方法之回顧者的議題其多樣性和複雜性，這些挑戰是由科學的規則所創造的。

結論

本書是以假想研究回顧為需要加以評估，以對抗科學的標準之資料蒐集練習為開始的，因為實證研究的成長、對資訊評估的增加和研究綜合分析的新技術，使得研究回顧的結論，將會變得越來越不可信，除非做一些系統化過程的努力，以使其更嚴謹。希望在此所呈現的概念，能使讀者對社會科學的實用性和要求，有更多嚴謹的回顧有信心，以及更大的可能性，以創造學者之間的共識，和專注對特定和可檢驗之不一致區域的討論，當衝突真的存在時。因為研究回顧在我們知識的定義中所扮演的角色增加了，這些步驟的調整是不可避免的，如果社會科學家們希望保持他們對客觀性的要求的話。

參考書目

American Psychological Association. (1983). *Publication manual* (3rd ed.). Washington, DC: Author.

Arkin, R., Cooper, H., & Kolditz, T. (1980). A statistical review of the literature concerning the self-serving attribution bias in interpersonal influence situations. *Journal of Personality, 48,* 435-448.

Barber, T. (1978). Expecting expectancy effects: Biased data analyses and failure to exclude alternative interpretations in experimenter expectancy research. *Behavioral and Brain Sciences, 3,* 388-390.

Barnett, V., & Lewis, T. (1978). *Outliers in statistical data.* New York: John Wiley.

Bar-Tal, D., & Bar Zohar, Y. (1977). The relationship between perception of locus of control and academic achievement. *Contemporary Educational Psychology, 2,* 181-199.

Bem, D. (1967). Self-perception: An alternative interpretation of cognitive dissonance phenomena. *Psychological Review, 74,* 183-200.

Borchardt, D., & Francis, R. (1984). *How to find out in psychology.* Oxford: Pergamon.

Boyce, B., & Banning, C. (1979). Data accuracy in citation studies. *RQ, 18*(4), 349-350.

Bracht, G., & Glass, G. (1968). The external validity of experiments. *American Educational Research Journal, 5,* 437-474.

Bradley, J. (1981). Pernicious publication practices. *Bulletin of Psychonomic Society, 18,* 31-34.

Campbell, D. (1969). Reforms as experiments. *American Psychologist, 24,* 409-429.

Campbell, D., & Stanley, J. (1963). *Experimental and quasi-experimental designs for research.* Chicago: Rand McNally.

Carlsmith, J., Ellsworth, P., & Aronson, E. (1976). *Methods of research in social psychology.* Reading, MA: Addison-Wesley.

Carlson, M., & Miller, N. (1987). Explanation of the relation between negative mood and helping. *Psychological Bulletin, 102,* 91-108.

Cicchetti, D., & Eron, L. (1979). The reliability of manuscript reviewing for the *Journal of Abnormal Psychology 1979. Proceedings of the American Statistical Association* (Social Statistics Section), *22,* 596-600.

Cohen, J. (1988). *Statistical power analysis for the behavioral sciences* (2nd ed.). Hillsdale, NJ: Lawrence Erlbaum.

Cook, T., & Campbell, D. (1979). *Quasi-experimentation.* Chicago: Rand McNally.

Cook, T., & Leviton, L. (1981). Reviewing the literature: A comparison of traditional methods with meta-analysis. *Journal of Personality, 48,* 449-471.

Cooper, H. (1979). Statistically combining independent studies: A meta-analysis of sex differences in conformity research. *Journal of Personality and Social Psychology, 37,* 131-146.

Cooper, H. (1983). Methodological determinants of outcomes of synthesis of research literature. In P. Wortman (Chair), *An analysis of methodologies used in synthesizing research on desegregation and student achievement.* Symposium conducted at the annual meeting of the American Educational Research Association, Montreal.

Cooper, H. (1986). On the social psychology of using research reviews: The case of desegregation and black achievement. In R. Feldman (Ed.), *The social psychology of education.* Cambridge: Cambridge University Press.

Cooper, H. (1987). Literature searching strategies of integrative research reviewers: A first survey. *Knowledge, 8,* 372-383.

Cooper, H. (1988). The structure of knowledge synthesis: A taxonomy of literature reviews. *Knowledge in Society, 1,* 104-126.

Cooper, H. (1989). *Homework.* New York: Longman.

Cooper, H., & Arkin, R. (1981). On quantitative reviewing. *Journal of Personality, 49,* 225-230.

Cooper, H., Burger, J., & Good, T. (1981). Gender differences in the academic locus of control beliefs of young children. *Journal of Personality and Social Psychology, 40,* 562-572.

Cooper, H., & Hazelrigg, P. (1988). Personality moderators of interpersonal expectancy effects: An integrative research review. *Journal of Personality and Social Psychology.*

Cooper, H., & Ribble, R. (in press). Influences on the outcome of literature searches for integrative research reviews. *Knowledge: Creation, Diffusion, Utilization.*

Cooper, H., & Rosenthal, R. (1980). Statistical versus traditional procedures for summarizing research findings. *Psychological Bulletin, 87,* 442-449.

Crandall, V., Katkovsky, W., & Crandall, V. (1965). Children's beliefs in their own control of reinforcement in intellectual-academic achievement situations. *Child Development, 36,* 91-109.

Crane, D. (1969). Social structure in a group of scientists: A test of the "invisible college" hypothesis. *American Sociological Review, 34,* 335-352.

Cronbach, H., & Meehl, P. (1955). Construct validity in psychological tests. *Psychological Bulletin, 52,* 281-302.

Cuadra, C., & Katter, R. (1967). Opening the black box of relevance. *Journal of Documentation, 23,* 291-303.

Davidson, D. (1977). The effects of individual differences of cognitive style on judgements of document relevance. *Journal of the American Society for Information Science, 8,* 273-284.

Edwards, A. L. (1967). *Statistical methods* (2nd ed.). New York: Holt, Rinehart & Winston.

Eysenck, H. (1978). An exercise in mega-silliness. *American Psychologist, 33,* 517.

Feinberg, R. (1981). Positive side effects of on-line information retrieval. *Teaching of Psychology, 8,* 51-52.

Festinger, L., & Carlsmith, B. (1959). Cognitive consequences of forced compliance. *Journal of Abnormal and Social Psychology, 58,* 203-210.

Findley, M., & Cooper, H. (1981). A comparison of introductory social psychology textbook citations in five research areas. *Personality and Social Psychology Bulletin, 7,* 173-176.

Findley, M., & Cooper, H. (1983). Locus of control and academic achievement: A literature review. *Journal of Personality and Social Psychology, 44,* 419-427.

Fisher, R. (1932). *Statistical methods for research workers.* London: Oliver & Boyd.

Friedman, H. (1968). Magnitude of experimental effect and a table for its rapid estimation. *Psychological Bulletin, 70,* 245-251.

Gallo, P. (1978). Meta-analysis: A mixed meta-phor? *American Psychologist, 33,* 515-517.

Garvey, W., & Griffith, B. (1971). Scientific communications: Its role in the conduct of research and creation of knowledge. *American Psychologist, 26,* 349-361.

Glass, G. (1976). Primary, secondary, and meta-analysis of research. *Educational Researcher, 5,* 3-8.

Glass, G. (1977). Integrating findings: The meta-analysis of research. In *Review of research in education* (Vol. 5). Itasca, IL: F. E. Peacock.

Glass, G., McGaw, B., & Smith, M. (1981). *Meta-analysis in social research.* Beverly Hills, CA: Sage.

Glass, G., & Smith, M. (1978). Reply to Eysenck. *American Psychologist, 33,* 517-518.

Gottfredson, S. (1978). Evaluating psychological research reports. *American Psychologist, 33,* 920-934.

Gover, H. (1983). *Keys to library research on the graduate level: A guide to guides.* Lanham, MD: University Press of America.

Greenberg, J., & Folger, R. (1988). *Controversial issues in social research methods.* New York: Springer-Verlag.

Greenwald, A. (1975). Consequences of prejudices against the null hypothesis. *Psychological Bulletin, 82,* 1-20.

Griffith, B., & Mullins, N. (1972). Coherent social groups in scientific change. *Science, 177*, 959-964.

Guzzo, R., Jackson, S., & Katzell, R. (1987). Meta-analysis analysis. In B. Staw & L. Cummings (Eds.), *Research in organizational behavior* (Vol. 9). Greenwich, CT: JAI.

Harper, R., Weins, A., & Matarazzo, J. (1978). *Nonverbal communication: The state of the art.* New York: John Wiley.

Hedges, L. (1980). Unbiased estimation of effect size. *Evaluation in Education: An International Review Series, 4*, 25-27.

Hedges, L. (1982a). Estimation of effect size from a series of independent experiments. *Psychological Bulletin, 92*, 490-499.

Hedges, L. (1982b). Fitting categorical models to effect sizes from a series of experiments. *Journal of Educational Statistics, 7*(2), 119-137.

Hedges, L., & Olkin, I. (1980). Vote-counting methods in research synthesis. *Psychological Bulletin, 88*, 359-369.

Hedges, L., & Olkin, I. (1985). *Statistical methods for meta-analysis.* Orlando, FL: Academic Press.

Hunter, J., Schmidt, F., & Jackson, G. (1982). *Meta-analysis: Cumulating research findings across studies.* Beverly Hills, CA: Sage.

Institute for Scientific Information. (1980). *Social Sciences Citation Index.* Philadelphia: Author.

Jackson, G. (1980). Methods for integrative reviews. *Review of Educational Research, 50*, 438-460.

Kanuk, L., & Berensen, C. (1975). Mail surveys and response rates: A literature review. *Journal of Marketing Research, 12*, 440-453.

Katz, W. (1987). *Introduction to reference work* (Vol. 2). New York: McGraw-Hill.

Kazdin, A., Durac, J., & Agteros, T. (1979). Meta-meta analysis: A new method for evaluating therapy outcome. *Behavioral Research and Therapy, 17*, 397-399.

Kerlinger, F. (1973). *Foundations of behavioral research* (2nd ed.). New York: Holt, Rinehart & Winston.

Lane, D., & Dunlap, W. (1978). Estimating effect sizes: Bias resulting from the significance criterion in editorial decisions. *British Journal of Mathematical and Statistical Psychology, 31*, 107-112.

Levin, H. (1987). Cost-benefit and cost-effectiveness analysis. *New Directions for Program Evaluation, 34*, 83-99.

Levin, H., Glass, G., & Meister, G. (1987). Cost-effectiveness and computer-assisted instruction. *Evaluation Review, 11*, 50-72.

Light, R., & Pillemer, D. (1984). *Summing up: The science of reviewing research.* Cambridge, MA: Harvard University.

Lipsey, H. (in press). *Design sensitivity: Statistical power for detecting the effects of interventions.* Newbury Park, CA: Sage.

Lord, C., Ross, L., & Lepper, M. (1979). Biased assimilation and attitude polarization: The effects of prior theories on subsequently considered evidence. *Journal of Personality and Social Psychology, 37*, 2098-2109.

Lykken, D. (1968). Statistical significance in psychological research. *Psychological Bulletin, 70*, 151-159.

Maccoby, E., & Jacklin, C. (1974). *The psychology of sex differences.* Stanford, CA: Stanford University Press.

Mahoney, M. (1977). Publication prejudices: An experimental study of confirmatory bias in the peer review system. *Cognitive Therapy and Research, 1*, 161-175.

Mansfield, R., & Bussey, T. (1977). Meta-analysis of research: A rejoinder to Glass. *Educational Researcher, 6*, 3.

Marsh, H., & Ball, S. (1981). Interjudgmental reliability of reviews for the *Journal of Educational Psychology. Journal of Educational Psychology, 73*, 872-880.

Matheson, D., Bruce, R., & Beauchamp, K. (1978). *Experimental psychology.* New York: Holt, Rinehart & Winston.

McClelend, C., Atkinson, J., Clark, R., & Lowel, E. (1953). *The achievement motive.* New York: Appleton-Century-Crofts.

McNemar, Q. (1946). Opinion-attitude methodology. *Psychological Bulletin, 43*, 289-374.

Menzel, H. (1966). Scientific communication: Five themes from sociology. *American Psychologist, 21*, 999-1004.

Mosteller, F., & Bush, R. (1954). Selected quantitative techniques. In G. Lindzey (Ed.), *Handbook of social psychology: Vol. 1. Theory and method.* Cambridge, MA: Addison-Wesley.

Noether, G. (1971). *Introduction to statistics: A fresh approach.* Boston: Houghton Mifflin.

Nunnally, J. (1960). The place of statistics in psychology. *Education and Psychological Measurement, 20*, 641-650.

Oakes, M. (1986). *Statistical inference: A commentary for the social and behavioural sciences.* Chichester: John Wiley.

Ottenbacher, K., & Cooper, H. (1983). Drug treatments of hyperactivity in children. *Developmental Medicine and Child Neurology, 25*, 353-357.

Pearson, K. (1933). On a method of determining whether a sample of size n supposed to have been drawn from a parent population having a known probability integral has probably been drawn at random. *Biometrika, 25*, 379-410.

Peters, D., & Ceci, S. (1982). Peer-review practices of psychological journals: The fate of published articles, submitted again. *Behavioral and Brain Sciences, 5*, 187-255.

Presby, S. (1978). Overly broad categories obscure important differences between therapies. *American Psychologist, 33*, 514-515.

Price, D. (1965). Networks of scientific papers. *Science, 149*, 510-515.

Price, D. (1966). Collaboration in an invisible college. *American Psychologist, 21*, 1011-1018.

Raudenbush, S., Becker, B., & Kalain, H. (1988). Modeling multivariate effect sizes. *Psychological Bulletin, 103*, 111-120.

Raudenbush, S., & Bryk, A. (1985). Empirical Bayes meta-analysis. *Journal of Educational Statistics, 10*, 75-98.

Reed, J., & Baxter, P. (1983). *Library use: A handbook for psychology.* Washington, DC: American Psychological Association.

Reynolds, P. (1971). *A primer in theory construction.* Indianapolis: Bobbs-Merrill.

Rosenthal, R. (1976). *Experimenter effects in behavioral research.* New York: Appleton-Century-Crofts.

Rosenthal, R. (1978a). How often are our numbers wrong? *American Psychologist, 33*, 1005-1008.

Rosenthal, R. (1978b). Combining results of independent studies. *Psychological Bulletin, 85*, 185-193.

Rosenthal, R. (1979a). The "file drawer problem" and tolerance for null results. *Psychological Bulletin, 86*, 638-641.

Rosenthal, R. (1979b). Replications and their relative utility. *Replications in Social Psychology, 1*, 15-23.

Rosenthal, R. (1980). Summarizing significance levels. *New Directions for Methodology of Social and Behavioral Science, 5*, 33-46.

Rosenthal, R. (1982). Valid interpretation of quantitative research results. *New Directions for Methodology of Social and Behavioral Science, 12*, 59-75.

Rosenthal, R. (1984). *Meta-analytic procedures for social research.* Beverly Hills, CA: Sage.

Rosenthal, R., & Rubin, D. (1982). Comparing effect sizes of independent studies. *Psychological Bulletin, 92*, 500-504.

Ross, L., & Lepper, R. (1980). The perseverance of beliefs: Empirical and normative considerations. *New Directions for Methodology of Social and Behavioral Science, 4*, 17-36.

Rotter, J. (1954). *Social learning and clinical psychology*. Englewood Cliffs, NJ: Prentice-Hall.

Sacks, H., Berrier, J., Reitman, D., Ancona-Berk, V., & Chalmers, T. (1987). Meta-analysis of randomized controlled trials. *New England Journal of Medicine, 316*, 450-455.

Saracevic, T. (1970). The concept of "relevance" in information science: A historical review. In T. Saracevic (Ed.), *Introduction to information science*. New York: Bowker.

SAS Institute. (1985). *SAS user's guide: Statistics* (Version 5). Cary, NC: Author.

Scarr, S., & Weber, B. (1978). The reliability of reviews for the *American Psychologist*. *American Psychologist, 33*, 935.

Scholarly communication: Report of the national enquiry. (1979). Baltimore: Johns Hopkins University Press.

Selltiz, C., Wrightsman, L., & Cook, S. (1976). *Research methods in social relations* (3rd ed.). New York: Holt, Rinehart & Winston.

Simon, J. (1978). *Basic research methods in social science* (2nd ed.). New York: Random House.

Smith, M. (1980). Publication bias and meta-analysis. *Evaluation in Education: An International Review Series, 4*, 22-24.

Smith, M., & Glass, G. (1977). Meta-analysis of psychotherapy outcome studies. *American Psychologist, 32*, 752-760.

Stoan, S. (1982). Computer searching: A primer for uninformed scholars. *Academe, 68*, 10-15.

Stock, W., Okun, M., Haring, M., Miller, W., Kinney, C., & Ceurvorst, R. (1982). Rigor and data synthesis: A case study of reliability in meta-analysis. *Educational Researcher, 11*(6), 10-14.

Taveggia, T. (1974). Resolving research controversy through empirical cumulation. *Sociological Methods and Research, 2*, 395-407.

Tukey, J. (1977). *Exploratory data analysis*. Reading, MA: Addison-Wesley.

Viana, M. (1980). Statistical methods for summarizing independent correlational results. *Journal of Educational Statistics, 5*, 83-104.

Walberg, H. (1986). Synthesis of research on teaching. In M. Wittrock (Ed.), *Handbook of research on teaching* (3rd ed.). New York: Macmillan.

Webb, E., Campbell, D., Schwartz, R., Sechrest, L., & Grove, J. (1981). *Nonreactive measures in the social sciences*. Boston: Houghton Mifflin.

White, C. (1986). *Sources of information in the social sciences*. Chicago: American Library Association.

Whitehurst, G. (1984). Interrater agreement for journal manuscript reviews. *American Psychologist, 39*, 22-28.

Williams, B. (1978). *A sampler on sampling*. New York: John Wiley.

Wolins, L. (1962). Responsibility for raw data. *American Psychologist, 22*, 657-658.

Xhignesse, L., & Osgood, C. (1967). Bibliographical citation characteristics of the psychological journal network in 1950 and 1960. *American Psychologist, 22*, 779-791.

Yu, J., & Cooper, H. (1983). A quantitative review of research design effects on response rates to questionnaires. *Journal of Marketing Research, 20*, 36-44.

Zuckerman, M., DePaulo, B., & Rosenthal, R. (1981). Verbal and nonverbal communication of deception. In *Advances in experimental social psychology* (Vol. 14). New York: Academic Press.

索引

A

H

I

J

M

O

Operational detail, 操作的細節　21, 37, 58

P

Past reviews（role of），　以往的回顧（所扮演之角色）　45-47
Populations of elements,　母體的元素　61-62, 96, 200
　accessible and target,　可取得的與目標　61-62
Primary channels,　初級管道　67-70
　ancestry approach,　溯源方法　68
　journals,　期刊　67
　journal networks,　期刊網絡　68
　publication bias,　出版的偏誤　69, 90
Problems in data retrieval,　在資料取得時的問題　101, 116-121
　library retrieval,　圖書館取得資料之問題　117
　results sections,　結果部分　117-121, 127-128,
Psychological Abstracts,　心理學摘要　73-76, 86, 93-95, 98
PsychINFO.　見 *Psychological Abstracts*
Published vs. unpublished research,　出版暨未出版的研究　90-91

Q

Quantitative synthesis,　量化的綜合分析　50, 118, 134-139, 199
　criticism of,　批評　135-136
　effects on conclusions,　對結論的影響　138
　when not to apply,　不用統計之時　136-138

R

Relationship strength.　關係的強度，見 Effect size estimates

關於作者

　　Harris　M.　Cooper 教授任教於美國多所著名大學，對於檢視研究結果之各個面向發表過許多文章，也實際檢視過數十篇大型調查研究的成果報告，此外，Cooper 教授是 Russell Sage 基金會探討研究整合的諮詢委員會之成員，也是四家心理學與教育方面之期刊社的顧問，更是美國教育研究學會頒發程式化研究（Programming Research）獎項的首位得主，在研究整合領域，享有很高的聲譽。

弘智文化事業出版品一覽表

弘智文化事業有限公司的使命是：

出版優質的教科書與增長智慧的軟性書。

心理學系列叢書

1. 《社會心理學》
2. 《金錢心理學》
3. 《教學心理學》
4. 《健康心理學》
5. 《心理學：適應環境的心靈》

社會學系列叢書

1. 《社會學：全球觀點》
2. 《教育社會學》

社會心理學系列叢書

1. 《社會心理學》
2. 《金錢心理學》

教育學程系列叢書

1. 《教學心理學》
2. 《教育社會學》
3. 《教育哲學》
4. 《教育概論》
5. 《教育人類學》

心理諮商與心理衛生系列叢書

1. 《生涯諮商：理論與實務》
2. 《追求未來與過去：從來不知道我還有其他的選擇》
3. 《夢想的殿堂：大學生完全手冊》
4. 《健康心理學》
5. 《問題關係解盤：專家不希望你看的書》
6. 《人生的三個框框：如何掙脫它們的束縛》
7. 《自己的創傷自己醫：上班族的職場規劃》
8. 《忙人的親子遊戲》

生涯規劃系列叢書

1. 《人生的三個框框：如何掙脫它們的束縛》
2. 《自己的創傷自己醫：上班族的職場規劃》
3. 《享受退休》

How To 系列叢書

1. 《心靈塑身》
2. 《享受退休》
3. 《遠離吵架》
4. 《擁抱性福》
5. 《協助過動兒》
6. 《迎接第二春》
7. 《照顧年老的雙親》
8. 《找出生活的方向》
9. 《在壓力中找力量》
10. 《不睹其實很容易》
11. 《愛情不靠邱比特》

企業管理系列叢書

1. 《生產與作業管理》
2. 《企業管理個案與概論》
3. 《管理概論》
4. 《管理心理學：平衡演出》
5. 《行銷管理：理論與實務》
6. 《財務管理：理論與實務》
7. 《重新創造影響力》

管理決策系列叢書

1. 《確定情況下的決策》
2. 《不確定情況下的決策》
3. 《風險管理》
4. 《決策資料的迴歸與分析》

全球化與地球村系列叢書

1. 《全球化：全人類面臨的重要課題》
2. 《文化人類學》
3. 《全球化的社會課題》
4. 《全球化的經濟課題》
5. 《全球化的政治課題》
6. 《全球化的文化課題》
7. 《全球化的環境課題》
8. 《全球化的企業經營與管理課題》

應用性社會科學調查研究方法系列叢書

1. 《應用性社會研究的倫理與價值》

2. 《社會研究的後設分析程序》

3. 《量表的發展：理論與應用》

4. 《改進調查問題：設計與評估》

5. 《標準化的調查訪問》

6. 《研究文獻之回顧與整合》

7. 《參與觀察法》

8. 《調查研究方法》

9. 《電話調查方法》

10. 《郵寄問卷調查》

11. 《生產力之衡量》

12. 《抽樣實務》

13. 《民族誌學》

14. 《政策研究方法論》

15. 《焦點團體研究法》

16. 《個案研究法》

17. 《審核與後設評估之聯結》

18. 《醫療保健研究法》

19. 《解釋性互動論》

20. 《事件史分析》

瞭解兒童的世界系列叢書

1. 《替兒童作正確的決策》

觀光、旅遊、休憩系列叢書

1. 《觀光行銷學》

資訊管理系列叢書

1. 《電腦網路與網際網路》

統計學系列叢書

1. 統計學

研究文獻之回顧與整合

原　　著 / Harris M. Cooper
譯　　者 / 高美英
校　　閱 / 黃朗文
主 譯 者 / 國立編譯館
執行編輯 / 古淑娟
出 版 者 / 弘智文化事業有限公司
登 記 證 / 局版台業字第 6263 號
地　　址 / 台北市大同區民權西路 118 巷 15 弄 3 號 7 樓
電　　話 / （02）2557-5685・0932321711・0921121621
傳　　真 / （02）2557-5383
發 行 人 / 邱一文
書店經銷 / 旭昇圖書有限公司
地　　址 / 台北縣中和市中山路 2 段 352 號 2 樓
電　　話 / （02）22451480
傳　　真 / （02）22451479
製　　版 / 信利印製有限公司
版　　次 / 1999 年 05 月初版一刷
定　　價 / 250 元
弘智文化出版品進一步資訊歡迎至網站瀏覽：
http://www.honz-book.com.tw

ISBN 957-98081-7-1
本書如有破損、缺頁、裝訂錯誤，請寄回更換！

國家圖書館出版品預行編目資料

研究文獻之回顧與整合 / Harris M. Cooper 著；
高美英譯. --初版. --台北市：弘智文化；
1999〔民 88〕
冊： 公分（應用社會科學調查研究方法系列叢書；6）
參考書目：面；含索引
譯自：Integrating Research：A Guide for
　　　　Literature Reviews
ISBN 957-98081-7-1（平裝）

1. 社會科學－研究方法

501.2　　　　　　　　　　　　　88002023

弘 智 文 化 價 目 表

弘智文化出版品進一步資訊歡迎至網站瀏覽：http://www.honz-book.com.tw

書名	定價	書名	定價
社會心理學（第三版）	700	生涯規劃：掙脫人生的三大桎梏	250
教學心理學	600	心靈塑身	200
生涯諮商理論與實務	658	享受退休	150
健康心理學	500	婚姻的轉捩點	150
金錢心理學	500	協助過動兒	150
平衡演出	500	經營第二春	120
追求未來與過去	550	積極人生十撇步	120
夢想的殿堂	400	賭徒的救生圈	150
心理學：適應環境的心靈	700		
兒童發展	出版中	生產與作業管理（精簡版）	600
為孩子做正確的決定	300	生產與作業管理(上)	500
認知心理學	出版中	生產與作業管理(下)	600
醫護心理學	出版中	管理概論：全面品質管理取向	650
老化與心理健康	390	組織行為管理學	800
身體意象	250	國際財務管理	650
人際關係	250	新金融工具	出版中
照護年老的雙親	200	新白領階級	350
諮商概論	600	如何創造影響力	350
兒童遊戲治療法	500	財務管理	出版中
認知治療法概論	500	財務資產評價的數量方法一百問	290
家族治療法概論	出版中	策略管理	390
婚姻治療法	350	策略管理個案集	390
教師的諮商技巧	200	服務管理	400
醫師的諮商技巧	出版中	全球化與企業實務	出版中
社工實務的諮商技巧	200	國際管理	700
安寧照護的諮商技巧	200	策略性人力資源管理	出版中
		人力資源策略	390

弘智文化出版品進一步資訊歡迎至網站瀏覽：http://www.honz-book.com.tw

書名	定價	書名	定價
管理品質與人力資源	290	社會學：全球性的觀點	650
行動學習法	350	紀登斯的社會學	出版中
全球的金融市場	500	全球化	300
公司治理	350	五種身體	250
人因工程的應用	出版中	認識迪士尼	320
策略性行銷（行銷策略）	400	社會的麥當勞化	350
行銷管理全球觀	600	網際網路與社會	320
服務業的行銷與管理	650	立法者與詮釋者	290
餐旅服務業與觀光行銷	690	國際企業與社會	250
餐飲服務	590	恐怖主義文化	300
旅遊與觀光概論	600	文化人類學	650
休閒與遊憩概論	600	文化基因論	出版中
不確定情況下的決策	390	社會人類學	390
資料分析、迴歸、與預測	350	血拼經驗	350
確定情況下的下決策	390	消費文化與現代性	350
風險管理	400	肥皂劇	350
專案管理師	350	全球化與反全球化	出版中
顧客調查的觀念與技術	450	社會資本	出版中
品質的最新思潮	450		
全球化物流管理	出版中	教育哲學	400
製造策略	出版中	特殊兒童教學法	300
國際通用的行銷量表	出版中	如何拿博士學位	220
許長田著「行銷超限戰」	300	如何寫評論文章	250
許長田著「企業應變力」	300	實務社群	出版中
許長田著「不做總統，就做廣告企劃」	300	現實主義與國際關係	300
許長田著「全民拼經濟」	450	人權與國際關係	300
許長田著「國際行銷」	580	國家與國際關係	300
許長田著「策略行銷管理」	680		
		統計學	400

書名	定價		書名	定價
類別與受限依變項的迴歸統計模式	400		政策研究方法論	200
機率的樂趣	300		焦點團體	250
			個案研究	300
策略的賽局	550		醫療保健研究法	250
計量經濟學	出版中		解釋性互動論	250
經濟學的伊索寓言	出版中		事件史分析	250
			次級資料研究法	220
電路學（上）	400		企業研究法	出版中
新興的資訊科技	450		抽樣實務	出版中
電路學（下）	350		審核與後設評估之聯結	出版中
電腦網路與網際網路	290			
應用性社會研究的倫理與價值	220		**書僮文化價目表**	
社會研究的後設分析程序	250			
量表的發展	200		台灣五十年來的五十本好書	220
改進調查問題：設計與評估	300		２００２年好書推薦	250
標準化的調查訪問	220		書海拾貝	220
研究文獻之回顧與整合	250		替你讀經典：社會人文篇	250
參與觀察法	200		替你讀經典：讀書心得與寫作範例篇	230
調查研究方法	250			
電話調查方法	320		生命魔法書	220
郵寄問卷調查	250		賽加的魔幻世界	250
生產力之衡量	200			
民族誌學	250